Editorial

Liebe Pferdefreunde,

Foto: privat

wir alle wollen fair mit unseren Pferden umgehen, aber oft erlebe ich, wenn ich durch Ställe gehe, wie der Mensch sein Pferd aufsattelt und ihm dabei nicht einmal in die Augen sieht. Da stellt sich immer eine Frage: Sieht der Mensch sein geliebtes Pferd überhaupt? Mit „sehen" meine ich nicht, es einfach nur anzusehen, sondern seine Bedürfnisse und seine kleinen Signale wahrzunehmen und darauf zu reagieren. Denn wenn ich die kleinen Signale meines Pferdes nicht beachte, wie kann ich dann achtsam mit ihm umgehen? Das ist, wie wenn ich ein Telefonat führe und das Gegenüber antwortet nicht, so wird aus einem Dialog ein Monolog, und das hat mit Kommunikation nichts zu tun. Und mit der Zeit – wenn solche Zustände der Nichtkommunikation andauern, wenn das Pferd auf seine gestellten Fragen keine Antworten bekommt, darf man sich nicht wundern, wenn es auch nicht mehr zuhört und antwortet. Das Pferd resigniert und schaltet ab. Man bezeichnet diesen Zustand auch „erlernte Hilflosigkeit".

Wenn wir schon nicht mehr mit unseren Pferden in einen aktiven Dialog treten können, wie wollen oder können wir dann mit anderen Menschen in einen Dialog treten? Wir sollten uns in jeder Minute unseres Beisammenseins mit unserem Pferd bewusst sein, wie wichtig die Achtsamkeit ist. Für uns bedeutet es, aufmerksamer für die Bedürfnisse unseres Pferdes zu sein und ihm zuzuhören. Bettina Bunne klärt auf, warum diese Achtsamkeit wichtig im Umgang mit dem Pferd ist und welchen Verhaltenskodex Pferde haben. Der achtsame Umgang ist auch ein Spiegel unseres eigenen Ichs, denn wir alle wollen, dass man mit uns achtsam umgeht und eine gewisse Art der Höflichkeit an den Tag legt. So gesehen kann man sagen, dass das Pferd uns sehr gut als Spiegel dienen kann. Auch ein Spiegel, wenn es um den Ausgleich im Energiehaushalt des Körpers und des Geistes geht, denn wenn die Chakren des Pferdes nicht ausgeglichen sind, kommt es zu Störungen im Energiehaushalt, die sich sowohl körperlich wie mental auswirken können.

Christina Fritz widmet sich einer schleichenden Erkrankung beziehungsweise einer Stoffwechselstörung, der Kryptopyrrolurie, besser bekannt als KPU, und klärt über die Fakten auf.

Das Frühjahr und der Frühsommer sind die Zeit des Sommerekzems. Eine lästige Begleiterscheinung des Ekzems ist der Juckreiz, der – unbehandelt – zu aufgebissenen und aufgekratzten Blutstellen führen kann. Andrea Kargerer informiert über rasche Hilfe bei Sommerekzem und Hautirritationen.

Das Frühjahr ist auch die Zeit, in der das Reiten wieder mehr Spaß macht, weil die Sonne scheint, es aber nicht zu heiß ist. Silja Schießwohl nimmt sich einiger Glaubenssätze in der Pferdeausbildung an, die jeder von uns von den Reitlehrern gehört hat, die aber hinterfragt werden sollten. Denn die Pferdeausbildung ist eine Entwicklungsreise, die den Körper des Pferdes formt und so die Gesundheit des Pferdes erhalten soll.

Beim Reiten ist auch die Ausrüstung wichtig, und Reitpads sind daher eine weiche Alternative zum Sattel. Kirsten Fleiser hat sich mit Gerd Römbke über die bequeme Variante unterhalten.

Im Schwerpunkt dieser Ausgabe geht es um das Pferd als Coach. Roswitha Zink beschreibt, wie Kinder und Jugendliche von einer pferdegestützten Begleitung profitieren, denn in der Interaktion mit Pferden entwickelt man neben Glücksgefühlen und Selbstvertrauen auch soziale Kompetenz. Pferdegestütztes Coaching ist aber vor allem für Pferde eine mentale und energetische Herausforderung. Alexandra Lohr beleuchtet die Seite des Pferdes als Coach und klärt über energetischen Ausgleich für Coaching- und Therapiepferde auf.

Reiten ist ein tolles Hobby, aber welche Möglichkeiten hat man, wenn man beeinträchtigt oder behindert ist? Kirsten Fleiser, selbst körperlich beeinträchtigt, hat sich auf die Suche nach einem Reitbetrieb gemacht und gibt ihre Erfahrungen weiter.

Das Pferd ist unser Freund, unser Freizeitpartner, unser Kuscheltier – die Liste lässt sich noch weiterführen, aber wir sollten eines niemals vergessen: Es ist ein Tier, das nur dann zufrieden und glücklich sein kann, wenn seine Bedürfnisse erfüllt werden. Kumpel auf der Weide, artgerechte Haltung mit freien Laufflächen, pferdegerechte Fütterung und ein angepasstes Training. Die Belohnung für unsere Bemühungen ist die Liebe und die Freundschaft unseres heiß geliebten Pferdes ein Leben lang.

Mit pferdisch-empathischen Grüßen

Eure Martina Kiss

PS: Wir freuen uns immer über Kritik und Zuschriften als Feedback auf Natural Horse (redaktion@naturalhorse.de)!

Inhalt

10 Dein Pferd ist dein Spiegel

32 Sommerekzem & Co

Foto: Christiane Slawik

Foto: Christiane Slawik

Foto: Miriam Balija

Foto: Lichtblickhof

Safe Zone und Verhaltenskodex

Die Pferd-Mensch-Beziehung im Wandel

von Bettina Bunne

Foto: Bettina Bunne

Wie wäre es, wenn die Beziehung zu unseren Pferden geprägt wäre von Vertrauen, Verstehen und Sicherheit? Wenn wir einen Raum schaffen könnten, in dem sich Pferd und Mensch mit all ihren Erlebnissen, Sichtweisen, bisherigen Erfahrungen und Bedürfnissen entwickeln dürfen? Wenn wir zu einem Miteinander finden würden, das sich auszeichnet durch „Sehen und Gesehenwerden"? Und wenn aus diesem neuen Verständnis heraus auf einmal alles möglich wird?

Ist das nur eine Wunschvorstellung, ein unerreichbares Ziel? Die Antwort ist: *nein*. Es gibt sie, diese „Safe Zone" für Mensch und Pferd, jeder kann sie kreieren, wenn er bereit ist, sich auf einen neuen Weg einzulassen, zu lernen, zu sehen und zu verstehen. Das mag am Anfang Überwindung kosten, anstrengend sein und manchmal sehr herausfordernd, aber zu erleben, was wirklich möglich ist in der Beziehung zwischen Mensch und Pferd, macht jede Anstrengung wett.

Es ist wichtig, eine Bestandsaufnahme zu machen. Wo stehe ich, wie ist die aktuelle Situation? Was wünsche ich mir? Was ist möglich? Und wie komme ich dahin? In unserem Umfeld erleben wir viele Pferdemenschen, die geprägt sind vom erlernten Umgang mit dem Pferd, die an Grenzen stoßen und es doch nur besser machen möchten.

Sie lieben ihre Pferde, sorgen gut für sie, geben viel Geld aus für Unterbringung und Equipment. Sind bereit, viel Zeit und Arbeit zu investieren, bringen Leckerchen und gutes Futter und wünschen sich einen Freizeit- oder Sportpartner, der mit Freude mitmacht, dankbar ist und zugewandt.

Aber wie oft sieht die Realität ganz anders aus? Das Pferd ist bockig, wendet sich ab, wenn man es aus der Box holen will, droht, beißt oder tritt, lässt sich nicht verladen, reißt sich los, panzert den Menschen um, bockt unterm Reiter, oder es zieht sich zurück und resigniert.

Und dann werden Tipps beim Reiten gegeben, wie zum Beispiel: „Du musst dich einfach durchsetzen! Mach mehr Druck! Reite durch die Ecken! Setz Sporen, Gerte oder Ausbinder ein!“ Diese Methoden bringen jedoch auch nicht den erwünschten Erfolg, im Gegenteil. Es kommt zum Kräftemessen (und da haben wir schon rein von der körperlichen Konstitution her schlechte Karten), zum Schlagabtausch. Und eigentlich wollen wir solche Methoden auch nicht anwenden.

Es liegt in der Natur des Menschen, emotional zu reagieren. Frust und Unverständnis steigern sich nicht selten zu Aufgabe und Resignation. So oft hören wir die Worte: „Ich bin nicht gut für das Pferd.“ Sackgasse anstatt eines gemeinsamen Wegs. Das ist verständlich und menschlich. Aber es gibt auch andere Wege wie … nennen wir es die Safe Zone.

Eintauchen in eine andere Welt

Diese Safe Zone ist ein Miteinander, das geprägt ist von: Sichsehen, Sichrespektieren, Sich-gemeinsam-Entwickeln und Sich-gegenseitig-Nähren. Eine Bindung durch Klarheit, Emotionalität, Fürsorge und Anerkennen von Individualität für Mensch und Pferd. Der Lohn ist ein tiefes Vertrauen zueinander, eine so tiefe Verbundenheit, die alles möglich werden lässt: Spazierengehen, Ausreiten, Arbeit an der Longe und auf dem Platz, Bodenarbeit, Freiarbeit oder einfach nur gemeinsames Sein.

Kommen wir dem Pferd achtsam und klar entgegen, werden Träume wahr und die Pferd-Mensch-Beziehung wird zu einem echten Miteinander mit Verständnis auf allen Ebenen. *Foto: Bettina Bunne*

Es ist ein anderer, neuer Weg, den es zu beschreiten gilt. Es ist ein Sich-bewusst-Werden, worauf es wirklich ankommt, ein Umdenken und Lernen. Es ist nötig, die Pferde in ihrer Natur zu verstehen, sie zu sehen und die Herangehensweise zu ändern.

Verhaltenskodex der Pferde

Pferde in einem naturbelassenen Zustand leben ein soziales, sehr empathisches Miteinander. Der Herdenverbund nährt körperliche und emotionale Bedürfnisse. Alles, was in Interaktion verläuft, ist in diesem sozialen Gefüge durchschaubar und berechenbar. Für jüngere Pferde gibt es allerhand zu lernen. Neben ihren angeborenen Instinkten probieren und lernen sie durch ihr an den Tag gelegtes, neugieriges, manchmal auch noch unbedachtes Verhalten, wodurch es zu Konflikten kommen kann. Pferde verstehen einander, egal welcher Rasse sie angehören. Sie legen großen Wert auf Einhaltung der Kommunikation, ein gesendetes Signal, eine geäußerte Meinung, ein Anfragen erwartet und bedingt eine Antwort beziehungsweise Reaktion. Die Kommunikation ist dabei dieselbe beziehungsweise hat einen einheitlichen Sinn und Sachverhalt. Sie unterscheidet sich lediglich in der Intensität der Reaktion und Aktionsspanne. Zusätzlich unterscheidet sich die Reaktionsweise durch die unterschiedliche Mentalität, die unter anderem von der Ursprungsregion der Pferde geprägt ist. Ein Beispiel: Die sogenannten Robustrassen (Tinker, Norweger, Isländer, Haflinger und andere) sind durch die raue Landschaft und das „derbere“ Klima und Wetter in ihrem „Füllvermögen“ von Außenreizen viel gesättigter. Reaktionen sind voller Tiefe und Gemüt. Die Toleranz von Aktion und Reaktion ist sehr dehnbar, und das spiegelt sich ebenso in der Kommunikation wider.

Die hoch im Blut stehenden Rassen (Araber, Vollblüter, Lusitanos, Paso Finos/Peruanos ...) sind ebenso zäh und ausdauernd in ihrem Dasein und Verhalten, aber eben anders „geschliffen" durch die Ursprungsnatur. Ihre Aktion und Reaktion sind blitzschnell, die Toleranz und Hemmschwelle deutlich niedriger angesetzt. In der Kommunikation und dem sozialen Miteinander spiegelt sich das so wider, dass diese Pferde sich in ihren Bedürfnissen, mentalen Einstellungen und in ihrer eigenen Zielverfolgung deutlich schneller und extrovertierter äußern und in vielerlei Hinsicht empfindlicher reagieren.

Unsere heutigen „Nutzpferde" sind stark geprägt durch die Haltungsform, durch die Zusammenstellung von Weidehaltungsgruppen, die Fütterung, vor allem und am meisten geprägt durch den menschlichen Umgang. Viele dieser Pferde interagieren nicht mehr in ihrer normalen Berechenbarkeit, weder miteinander noch mit dem Menschen. Trotzdem haben die Pferde einen Verhaltenskodex, der sich im Ganzen in einer fairen und verständlichen Kommunikation mit anderen Pferden zeigt oder sich Stück für Stück auch dem Menschen gegenüber wieder zu zeigen vermag.

Der Verhaltenskodex der Pferde beinhaltet und erwartet:

- keine mutwilligen Verletzungen
- empathisches Sein
- bewusstes Aufnehmen von Bedürfnissen
- klare Äußerungen
- angemessene Antworten
- achtsame Wahrnehmung
- Akzeptanz von Zurecht- oder Zurückweisung bei fair vorangegangener Kommunikation
- Schutz der jüngeren oder älteren Pferde

Jedes Pferd kann, wie durch oben beschriebene Missstände, eine Wesensveränderung erleiden und damit nicht mehr aus seinen ethischen Grundlagen schöpfen und handeln. Es kommt zu Verletzungen und gänzlich überspitzten Reaktionen und Situationen, da die Pferde sich in einer Kompensation befinden. Dies passiert in Ausnahmezuständen auch in dem natürlich lebenden Verband. Ein Beispiel wäre ein Pferd, das Schmerzen hat oder bei dem die Toleranz von Reizen deutlich gesenkt ist und ein überspitztes Verhalten auftritt. Gegenteiliges kann auch der Fall sein, Reaktionen sind durch einen nach innen gerichteten Blick verlangsamt, haben kein Energiepotenzial oder sind nach außen kaum sichtbar vorhanden.

Pferde verständigen sich durch kaum wahrnehmbare Signale und erwarten untereinander das Einhalten des Verhaltenkodexes. *Foto: Christiane Slawik*

Achtsame Wahrnehmung

Die Pferde nehmen sich und ihre Umwelt im kleinsten Ansatz wahr. Diese Fähigkeit findet ihren Ursprung im Dasein als Fluchttier. Die Wahrnehmung ist auf das kleinste Detail geschärft, wenn es für sie eine existenzielle Varianz besitzt oder auch einfach nur von Interesse ist. Dies geschieht nicht nur mit allen Sinnen, sondern auch auf der emotionalen Gefühlsebene. Diese Details und Sachverhalte sind uns bekannt. Welche Relevanz haben diese Details für uns? Was darf uns durch den Verhaltenskodex bewusst werden?

Wir Menschen stehen an der Spitze der Nahrungskette. Wir sind nicht auf der Flucht und gerade in den weit entwickelten Ländern auch

gewohnt, uns durch den Luxus von zum Beispiel fließendem Wasser aus dem Wasserhahn, der Fülle der Supermärkte, der Möglichkeit, zu entscheiden, das Licht an- und auszumachen, uns zu bereichern, ohne uns bewusst zu sein, dass wir dieses täglich gelebte Verhalten voller bequemer Möglichkeiten auch mit zu unseren Pferden nehmen.

Hier gehen wir nicht mehr nur davon aus (diese Tatsache ist meist unbewusst), dass wir auch die Pferde „nehmen" und nutzen können, wie es uns beliebt. Was verstehen wir darunter, unser Hobby auszuleben und uns die Kraft und die Fähigkeiten der Pferde zunutze zu machen? Dies beschränkt sich zum großen Teil auf die körperlichen Fähigkeiten der Pferde. Viele Menschen leben mittlerweile die Oberflächlichkeit, die Bequemlichkeit und die einseitige Sichtweise, ohne sich dessen groß bewusst zu sein.

In der Begegnung mit Pferden, wie auch im weiteren Zusammensein, kollidieren diese Einstellung und Handlungsweise mit der Tiefe und dem sozialen Versprechen des Verhaltenskodexes unserer Pferde. Die Pferde verlieren durch fehlendes empathisches Miteinander, durch einseitige beziehungsweise nicht vorhandene Kommunikation, durch emotionales Kompensieren, haltungsbedingte Einschränkungen der natürlichen Bedürfnisse, unsozialen Umgang immer mehr und schneller diesen Kodex und damit auch einen lebenden, leuchtenden Teil ihres Selbst. Dort, wo oft körperlicher Schmerz die Ursache für stures oder hysterisches Verhalten ist und das als Vorwand für eine Nichteinsetzbarkeit im Sport und als Hobby herhält, sind die Gründe viel tiefer und ungesehen. Sie sind eine Kettenreaktion auf unseren Umgang mit dem Pferd.

Verantwortung und Miteinander

Welche Verantwortung hat also der Mensch, wenn er mit dem Pferd in eine Interaktion tritt? Wie kann ein Miteinander funktionieren? Wie kann das im Alltag aussehen? Dazu ist eine möglichst artgerechte Haltung essenziell. Pferde brauchen ihre Artgenossen und viel Bewegung. Eine 24-Stunden-Boxenhaltung ist gesundheitsschädlich, weil das

Untereinander lernen die Pferde im Spiel auf die kaum wahrnehmbaren Signale zu achten. Der Mensch muss diese erst erlernen, um eine pferdegerechte Kommunikation zu führen. *Foto: Christiane Slawik*

Pferde sollten nicht vermenschlicht werden, sondern man sollte versuchen, sie zu verstehen, und ihnen ein pferdegerechtes Leben ermöglichen. *Foto: Christiane Slawik*

Pferd ein Lauftier und auf Bewegung angewiesen ist. Sinnvoll ist ein Offenstall oder ein Stall, in dem das Pferd viel Zeit auf der Wiese oder Paddocks verbringen kann, und dies in der Gemeinschaft mit anderen Pferden. Wir Menschen wollen auch nicht allein in einem Zimmer eingesperrt sein, sondern brauchen unsere Mitmenschen und ein soziales Miteinander, um nicht krank zu werden. Und ja, es birgt ein Verletzungsrisiko, aber die Erfahrung zeigt, dass die Pferde sehr gut lernen, auf sich aufzupassen.

Im Zusammensein mit unserem Pferd bilden wir eine, wenn auch kleine, Herde. Der Versuch, das Pferd zu vermenschlichen, ist nicht zielführend und funktioniert nicht. Anders ist es, wenn wir Menschen uns den Ehrenkodex und die Sprache der Pferde zu eigen machen. Nur wenn wir im Umgang klar, fair, achtsam und sozial sind und uns nicht von Emotionen wie Wut und Angst leiten lassen, wird sich das Pferd uns anschließen. Sind wir es nicht, wird es uns niemals die Führung zusprechen, sondern weiterhin selbst für seine Sicherheit einstehen.

Wir müssen schon gleich zu Anfang der Begegnung achtsam sein. Nicht, wie gewöhnlich, das Pferd putzen und für das Reiten oder die Arbeit fertig machen. Also nur den eigenen Plan des Miteinanders verfolgen, sondern genau schauen.

Beobachten und achtsam agieren

Wie oft passiert es, dass wir Menschen gedankenverloren zum Pferd gehen, weil der Arbeitstag schwierig oder nicht befriedigend verlaufen ist oder es Stress in der Familie gab. Das weiß unser Pferd aber nicht, es liegt an mir als Person, den Fokus auf folgende Fragen auszurichten: Wie geht es meinem Pferd, wie ist die Stimmung? Kommt es freudig auf mich zu, möchte bei mir sein oder wendet es sich ab? Spitzt es die Ohren oder legt es sie an? Mag es sofort am Kopf gestreichelt werden oder wäre ein einfaches Handauflegen am Hals schöner? Begrüßt es mich sanft mit dem Maul? Ist der Gesichtsausdruck zufrieden oder ist das Maul zusammengepresst?

Wie ist es beim Putzen? Kann ich meinem Pferd was Gutes tun? Gibt es Stellen, an denen es das Pferd besonders schön findet, gekrault zu werden? Gibt es Stellen, an denen das Kraulen unangenehm ist? Hat das Pferd Schmerzen? Schon in diesen

Momenten nimmt das Pferd wahr, wie sozial sein Mensch ist und ob er seine Bedürfnisse erkennt. Es wird im Gegenzug versuchen, seinem Menschen ebenfalls Gutes zu tun. Da kommt dann schon mal eine lange Nase, die schubbeln will. Diese Zeit sollte der Mensch als gemeinsame Zeit nutzen – ohne Ablenkung durch Handy oder Stallkollegen.

In dieser Zeit erkennt der Mensch, was im nächsten Schritt an Arbeit möglich ist. Natürlich hat man einen Plan oder Wunsch für die gemeinsame Zeit, ob Reiten, Bodenarbeit oder Spazierengehen. Aber ist es nicht auch sinnvoll, spontan zu schauen, was sich für den Moment richtig anfühlt? Wo jedes Mitglied dieser kleinen Herde (Mensch und Pferd) gerade steht, wie die Befindlichkeit ist?

Und in der Arbeit strebt man danach, im Handlungsrahmen der Pferde zu agieren: Generell beginnen die Pferde mit der Kommunikation untereinander immer mit der möglichst kleinsten Geste. Ein ranghohes Pferd, das zum Beispiel Platz für sich beansprucht, wird dies dem anderen Pferd durch ein Vorrecken des Halses anzeigen, die Ohren zur Verstärkung ein wenig anlegen. Zeigt das rangniedrigere Pferd Einsicht und räumt den Platz, ist der Dialog mit minimalem Einsatz erledigt. Fair ist aber, dass das rangniedrigere Pferd durchaus mitreden darf. Ein „Nein, ich gehe nicht aus dem Weg“ ist schon erlaubt, birgt aber die Gefahr, dass das ranghohe Pferd nun deutlicher wird. Die Ohren stärker angelegt, das Maul zum Beißen geöffnet, wird die Aufforderung „Geh aus dem Weg“ deutlicher. Wieder hängt der nächste Schritt von der Reaktion des rangniedrigen Pferdes ab. Letztlich wird sich das ranghohe Pferd durch Beißen oder Wegtreiben seinen Platz sichern. Das rangniedrige Pferd wird Einsicht durch Neigen des Kopfes, Kauen oder Lecken anzeigen. In diesem Moment ist für den Ranghohen alles in Ordnung. Es erkennt die Gesten an und ist nicht nachtragend. Die Kommunikation gleicht einer Schachpartie mit immer neuen Zügen, aber es geht niemals darum, den anderen schachmatt zu setzen, sondern nur darum, einen Konflikt fair zu regeln, angemessen und verstärkend zu reagieren und dabei immer mit dem geringsten Zeichen zu beginnen.

Lernen wir „pferdisch“

Es ist wichtig, all diese Informationen zu verstehen, zu lernen, „pferdisch“ zu sprechen, und in der Kommunikation mit dem Pferd den Ehrenkodex der Pferde anzunehmen und einzuhalten. Es ist der Weg in die Gemeinsamkeit, in die Annahme, in die Safe Zone. Auf diesem Weg ist auch für uns Menschen so viel Entwicklung und Wachsen möglich und auch oft nötig. Ein Pferd spiegelt uns; Probleme zeigen auf, was zu ändern ist. Bin ich als Mensch „zu viel“ oder vielleicht auch „zu wenig“? Muss ich lernen, meinen Raum einzunehmen oder mich zurückzunehmen? Wir als Menschen werden durch das Sein mit dem Pferd immer eine persönliche Entwicklung machen, was unweigerlich auch zu einer Entwicklung der Gesellschaft führen wird. Hier schließt sich der Kreis in der Safe Zone: emotionales und physisches gegenseitiges Nähren, Überwinden von Traumata und Grenzen für Pferd und Mensch. Tiefe Verbundenheit. Es ist so wertvoll. Machen wir uns auf den Weg.

Nur wer aufmerksam seinem Pferd gegenüber agiert, dem wird dieselbe Achtsamkeit entgegengebracht. *Foto: Bettina Bunne*

Bettina Bunne lernte mit fünf Jahren, leistungsorientiert zu voltigieren. Bei einem Praktikum auf einem Arabergestüt lernte sie, sich mit Pferden zu verständigen. Sie ließ sich nach dem Abitur zur Physiotherapeutin für Pferde ausbilden und arbeitete freiberuflich viel mit schwierigen Pferden. Ihr Wunsch war aber immer die Freiheitsdressur und beim Reiten das Pferd mit nichts anderem als mit dem eigenen Körper zu steuern. Ihre Arbeit ist die Kombination aus Physiotherapie, Kommunikation, Bodenarbeit und das Aufeinanderzugehen. 2018 hat sie sich selbstständig gemacht und sich gemeinsam mit Carola Knoblich den Traum eines eigenen Offenstalls erfüllt.
www.intuition-pferd.de

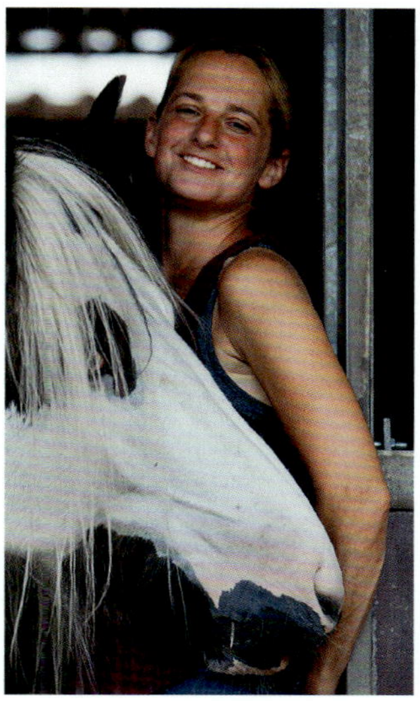

Foto: Christiane Slawik

Dein Pferd ist dein Spiegel

Sieh einfach hin!

von Martina Kiss

Stellen Sie sich vor, Sie sehen Ihrem Pferd in die Augen und erkennen, dass es alles übernimmt, was Sie an Negativem in Ihrem Leben erleben, und es erkrankt daran. Was würden Sie tun? Eine schwierige Frage mit einer noch schwierigeren Antwort. Pferde kommen unbelastet auf die Welt und könnten auch unbelastet leben. Aber wir Menschen beeinflussen sie mit unseren Problemen und unserem Stress. Pferde spiegeln unsere Gedanken, Gefühle und Probleme und geben uns ihre Liebe und ihr Verständnis. Dabei gehen sie weit über ihre körperlichen und seelischen Grenzen hinaus. Wenn Ihr Pferd Ihnen zuliebe erkrankt, würden Sie Ihr Leben ändern, damit es wieder gesund wird? Wenn ja, begeben Sie sich auf eine Reise zu Ihrem Pferd, aber auch auf eine Reise zu sich selbst!

Das Pferd begleitet den Menschen seit grauen Vorzeiten. Wir zähmten es und Mensch und Pferd bildeten dadurch eine Einheit. Aber das Pferd war damals nicht nur Nutztier und ist heute nicht nur Sportgerät. Immer mehr wird es in der zivilisierten Welt als Wesen mit einer sehr feinen Energie wahrgenommen. Es ist Partner, Freund, Begleiter und Seelentröster – und damit besser geeignet als jedes andere Wesen, uns Krankheiten abzunehmen.

Der Mensch sucht sein Pferd – oder?

Viele Pferdebesitzer sagen: „Da habe ich dieses Pferd gesehen und ich wusste: Das ist es! Mein Pferd!" Aber warum muss es ausgerechnet dieses Pferd sein? Die Antwort ist einfach – Spiegelung. Genau in diesem Pferd sehen Sie sich selbst oder es füllt in Ihrer Seele etwas aus, das Ihrer ureigenen Persönlichkeit am nächsten kommt. Viele werden nun sagen: „Stimmt doch gar nicht, mein Pferd ist gar nicht wie ich! Im Gegenteil, es ist das genaue Gegenteil von mir." Dann schauen Sie genau hin. Vielleicht wollen Sie, dass Ihr Pferd so ist, wie Sie gerne sein wollen. Denn nicht Sie haben Ihr Pferd ausgesucht, sondern das Tier hat Ihnen unbewusst Signale gegeben, dass Sie es wahrgenommen haben. Schon lange bevor Sie es bemerkt haben, hat es Sie auf sich aufmerksam gemacht, weil es sich in eine Richtung entwickelt hat, in die Sie selbst gehen wollten und wollen.

Je größer die Resonanz zwischen Mensch und Pferd, desto mehr spiegelt das Pferd seinen Besitzer. *Foto: Christiane Slawik*

Jeder von uns sehnt sich danach, sein Innerstes mit jemandem zu teilen, der ihn spiegelt und seine Gefühle wiedergibt. Dadurch fühlen wir uns gestärkt und in unserem Innersten bestätigt. Das Pferd hat eine sehr feinfühlige Energie, die es mit seinem Besitzer auf eine Wellenlänge bringt. Mehr noch, es steht seinem Herzen sehr nahe und darf Gefühle ausdrücken, die wir uns oft nicht eingestehen, aus Angst, verletzt zu werden.

Mensch und Pferd gehen in Gleichklang mit ihren Seelen, verbinden sich, und dadurch gehen auch

„Mein Pferd ist mein Spiegel, der meine schlechte und gute Laune unverfälscht wiedergibt. Sieh hinein in das Auge deines Pferdes, aber erschrecke nicht vor der Wahrheit."

Bent Branderup

ihre Energiefelder ineinander über. Und das geschieht auf allen Ebenen – im Geist, in Gedanken, aber auch im Körper.

Body, Mind and Soul in Harmonie = Gesundheit

Damit es Ihnen gut geht, müssen Körper, Geist und Seele im Einklang sein. Nur so sind Sie gesund und glücklich. Geht es dem Geist oder/und der Seele schlecht, drückt der Körper mit der Zeit dieses Ungleichgewicht in Krankheit aus. Dieses Krankheitsbild kann sich in der Psyche und im Körper verfestigen. Der eine erleidet Depressionen, der andere bekommt Herzprobleme. Je nachdem, in welcher Richtung der Betroffene seine Emotion nicht ausleben darf.

Und nun ist Ihr Partner, das Pferd, da, und Sie versuchen in Ihrer Freizeit mit ihm vom Alltagsstress abzuschalten. Nur das Gehirn und Ihr Herz denken weiter an die großen und kleinen Sorgen, und meistens funktioniert es nur eine bestimmte Zeit lang, dass Sie diesen Stress verdrängen können. Ihr Pferd aber nimmt diese Schwingungen auf. Es fühlt jedes noch so kleine Problem seines Besitzers und stellt sich darauf ein – es geht in Resonanz mit Ihnen.

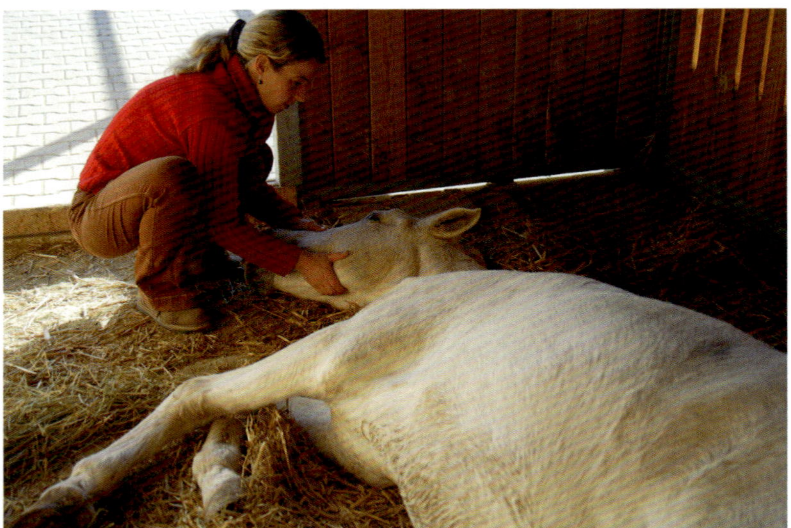

Den meisten Krankheiten des Pferdes liegt ein Ungleichgewicht in der Seele des Besitzers zugrunde. *Foto: Christiane Slawik*

Was bedeutet „in Resonanz gehen"?

Resonanz bedeutet das Mitschwingen eines Körpers in der Schwingung eines anderen Körpers. Ist der Mensch ausgeglichen und mit sich im Reinen, kann das Pferd mit sich im Reinen sein und ausgeglichene Charakterzüge zeigen. Ist der Mensch vom Stress des Arbeitstages geprägt, übernimmt sein Pferd diesen Stress und reagiert dementsprechend mit Unwillen.

In unserer Zeit, in der der Mensch von so vielen Eindrücken geprägt ist, die ihn auch überfordern können, ist ein Ungleichgewicht in seinem Geist schnell hergestellt. Und ein Ungleichgewicht im Geist bedeutet auch ein Ungleichgewicht in der Seele und in weiterer Folge im Körper. In einer Zeit, in der viele um ihre Existenz, also um ihre Urbedürfnisse fürchten, kommt es sehr schnell zu einer Unzufriedenheit. Wenn diese Unzufriedenheit und der damit verbundene Stress zu groß für die Seele werden, entwickeln sich Krankheitsbilder. Das kann von Rückenschmerzen über Kopfschmerzen bis hin zu tieferen Organschmerzen gehen. Wie sehr diese Auswirkungen ganze Lebensbereiche einschränken und sogar lebensbedrohlich werden können, zeigt folgende Geschichte:

Werner, der Manager, und Henry, der Haflinger

Als ich Werner* kennenlernte, saß vor mir ein Mann reiferen Alters. Er war übergewichtig, hatte ein rotes, aufgedunsenes Gesicht und atmete schwer. Mein erster Gedanke war: „Sein Stoffwechsel ist stark angegriffen!" Werner war der Typ Manager, der sich für die Firma aufopferte, viele Wochenenden im Büro verbrachte und ständig Überstunden machte. Belohnt wurde dieses Engagement nicht, im Gegenteil. Aufgrund der angespannten Wirtschaftslage gingen im Laufe der Jahre die Geschäfte immer schlechter. Und so wurde er von seinem Vorgesetzten auch noch zusätzlich unter Druck gesetzt.

Wo Werner sich allerdings entspannen konnte, war bei Henry*, seinem Haflinger. Immer wenn er zu Henry in den Stall kam, blühte er auf. Bei ihm war Werner der Mensch, der er eigentlich sein wollte. Er durfte glücklich und zufrieden und somit in seiner Mitte sein. Bei Henry baute er seine inneren Spannungen ab, und Henry fing seine Wut und seine unterdrückten Gefühle auf.

*Namen von der Redaktion geändert

Mit dem Partner Pferd bewusst durch die Natur zu gehen, bringt nicht nur Ruhe, sondern auch „Sich-seiner-selbst-bewusst-Sein“.

Foto: Archiv

Um den Alltagsstress zu vergessen, suchen wir Entspannung beim eigenen Pferd, das uns viele Sorgen abnimmt, und dadurch sind wir glücklich. *Foto: Christiane Slawik*

Je mehr Sie im Gleichklang mit Ihrem Pferd schwingen, desto mehr spiegelt das Tier Ihre Befindlichkeiten.

Werner hatte Henry vor vielen Jahren aus einem Reitschulbetrieb gekauft. Er war ein eigenwilliger Haflinger, der in der Reitschule als Kinderreitpferd eingesetzt wurde. Dort lernte Werner ihn kennen. Er eroberte Werners Herz im Sturm und wurde sein persönliches Schulpferd. Henry war ein Pferd, das nicht in den Schulbetrieb passte und seinen eigenen Willen hatte. So wie Werner. Als Werner ihn kaufte, war Henry zwar unzufrieden über seinen Job als Kinderreitpferd, aber er war gesund und athletisch.

Nach vielen Jahren bei Werner wurde aus Henry ein kugelrundes Pferd, das einfach alles in sich hineinfraß. Sein Körper wurde immer dicker und er baute Muskeln ab, da Werner zwar gerne ritt, aber Henry nicht so oft bewegte, wie er es gebraucht hätte. So wie es dann mit Henrys Gesundheit bergab ging, ging es auch mit Werners Gesundheit bergab. Beide hatten über die Jahre Stoffwechselprobleme, was bei Henry immer wieder zu Koliken führte, die teilweise sogar in Klinikaufenthalten gipfelten. Bei Werner führten der andauernde Stress mit seinem Vorgesetzten, die falsche Ernährung und der übersäuerte Stoffwechsel im Endeffekt zu einem Herzinfarkt. Erst da machte er sich über seine Lebensweise und seine Krankheit Gedanken. Werner stellte seine Ernährung schrittweise um, versuchte, sich nicht durch seinen Vorgesetzen unter Druck setzen zu lassen, und ruhte sich mehr aus. Durch die Umstellung seiner eigenen Ernährung machte er sich auch um Henrys Fütterung Gedanken. Er stellte Henry auf artgerechte Fütterung um, und siehe da, Henry hatte nach einiger Zeit kaum noch Koliken, und wenn, dann waren diese leicht in den Griff zu bekommen. Werner konnte zur Ruhe kommen und Körper, Geist und Seele in Einklang bringen. Dadurch konnte auch Henrys Gesundheitszustand heilen.

Du bist wie ich, und ich bin wie du

Am Beispiel von Werner und Henry sehen wir, je näher der Besitzer seinem Pferd steht, desto mehr kann das Krankheitsbild des Besitzers auf sein Pferd übergehen. Oft übernehmen Pferde die Krankheiten ihres Besitzers, um ihn zu schützen und ihm aufzuzeigen, dass er sich in eine falsche Richtung entwickelt – sei es im Beruf oder im Privatleben.

Werners aufgestaute Wut endete in einem Herzinfarkt. Dahinter stand die Botschaft: „Ich kann nicht mehr!" Henrys Symptom zeigte – auch durch falsche Fütterung bedingt –, dass sein Stoffwechsel mit dem Hineinfressen von Problemen die Schadstoffe im Körper nicht mehr abbauen konnte. Auch das ist eine Form von „Ich kann nicht mehr!".

Was macht uns krank?

Doch was ist die Ursache von Krankheit und wie können wir sie beeinflussen, damit unsere Pferde diese Krankheitsbilder nicht übernehmen? Dazu müssen wir an uns selbst arbeiten. Wissenschaftlich bewiesen ist, dass negativer Dauerstress über einen längeren Zeitraum krank machen kann. Es kommt auf den Konstitutionstypen jedes Einzelnen an, wie sich eine Krankheit entfaltet. Jeder Mensch ist verschieden, und so viele Charaktertypen es gibt, so viele Krankheitsbilder gibt es. Mancher Mensch ist für Migräne anfällig, ein anderer für Herzerkrankungen, der dritte wieder für Drüsenprobleme. Hier ein kleiner Auszug aus den Krankheitsmöglichkeiten, die uns hellhörig machen sollten.

Mögliche Probleme	Emotion	Hintergedanke
Nierenschmerzen	Trauer über Vergangenes	Ich kann nicht loslassen.
Herzschmerzen	Wut, Angst vor Veränderung	Ich kann/komme nicht weiter.
Lungenschmerzen	Angst zu atmen, zu ersticken	Ich kann/will nicht loslassen.
Darmverstopfung	Verlustangst	Ich halte an Bewährtem fest.
Magenschmerzen	Wut, Stress	Ich fresse alles in mich hinein.
Drüsenprobleme	Wut, Minderwertigkeitsgefühl	Ich will keine Verantwortung übernehmen.
Depressionen	Gefühle überdecken	Ich will nicht hinsehen.
Burn-out	Minderwertigkeitsgefühl	Ich bin unwürdig.

Dem Problem auf den Grund gehen – hinschauen

Allem voran steht: Wenn die Seele nicht mit dem Geist und dem Körper im Gleichklang schwingt, werden wir krank. Die Pferde können unsere Krankheiten auffangen und ableiten, aber wenn man sich und seine Lebensweise ändert, sind sie als „Blitzableiter" gar nicht mehr nötig.

Selbsterkenntnis bringt uns unserem eigenen Ich näher, lässt uns im Hier und Jetzt leben und bringt Gesundheit und Glück in unser Leben. *Foto: Christiane Slawik*

Um meine Krankheit und die meines Pferdes verstehen zu können, muss ich ganz tief in mein Innerstes hineinhören wollen. Ich muss zu mir Selbst voll und ganz stehen, und das kann mitunter auch Schmerzen und Verletzbarkeit bedeuten. Denn Selbsterkenntnis heißt, auf den Grund seiner Seele zu schauen und alle Traumen auch wirklich zu erfassen und abzuarbeiten. Und wer gibt schon gerne zu, eine falsche Entscheidung getroffen oder Fehler begangen zu haben?

Wer gibt schon zu, dass er jemanden bewusst verletzt oder Intrigen gesponnen hat? Oder durch seine Umwelt und sein Elternhaus so geprägt zu sein, dass man sich schämt, es auch nur zuzugeben. Nur wenn wir zu den Fehlern stehen und das auch zugeben können, werden wir gesund. Dazu gibt es eine einfache Lösung – beginnen Sie ein neues Leben. Besinnen Sie sich zurück auf das Hier und Jetzt und vergeben Sie sich und anderen!

Das Pferd steht für das Urvertrauen des Sich-tragen-Lassens. Diese Haltung bedeutet, sich dem Leben zu öffnen, sich vom Strom des Lebens tragen zu lassen!

Klaus-Ferdinand Hempfling

Das Tier lebt im Hier und Jetzt. Was übermorgen passiert, hat keine Bedeutung, da es nicht bewusst wahrgenommen werden kann. Für den Menschen hat das Hier und Jetzt nur die Bedeutung dessen, was er in diesem Moment essenziell braucht, wie Nahrung und Wasser. Sonst lebt der Mensch entweder in der Vergangenheit, die er nicht mehr ändern kann, oder in der Zukunft, die er noch nicht beeinflussen kann. Um das Hier und Jetzt bewusst zu machen, gibt es eine kleine Übung, die Sie in der freien Natur ausüben können.

Übung für das „Bewusst-sein"

Stellen Sie sich gerade hin! Lassen Sie Ihre Arme seitlich vom Körper hängen, kippen Sie das Becken nach hinten und wippen Sie ein klein wenig in den Knien.

Die Knie sollten nicht durchgestreckt sein, stehen Sie auf Ihren beiden Fußsohlen. Die Außenflächen der Fußsohlen sollten mit den Außenkanten der Schultern parallel stehen. Dazu müssen Sie die Beine leicht grätschen.

Schließen Sie die Augen, und atmen Sie tief durch die Nase ein und durch den Mund aus. Fühlen Sie, wie Ihr Atem durch Ihre Nase einströmt, tief in Ihren Bauchraum fließt und der Bauch sich aufbläht. Fühlen Sie, wie sich Ihr Bauch vor- und zurückbewegt. Lassen Sie den Atem durch den Mund ausströmen. Machen Sie diese Atemzüge einige Male ruhig und zügig. Ihre Gedanken sind ganz leer, achten Sie nur auf Ihren Atem!

Dann öffnen Sie die Augen und sehen sich um. Was sehen Sie, wie fühlt es sich an, wie fühlen Sie sich? Was immer Sie fühlen und sehen, in diesem Moment sind Sie ganz bei sich!

Mut zum Ich

Das Leben im Hier und Jetzt ist ein Schritt in die richtige Richtung. Ebenso wichtig ist es, den Mut zu haben, zu sich selbst zu stehen, Verantwortung für sich und sein eigenes Leben und Handeln zu übernehmen. Denn nur dann können Sie authentisch sein. Das bedeutet auch, einen steinigen Weg zu gehen. Es heißt, zu sich und auch zu den Menschen und Begebenheiten in Ihrer Umgebung ehrlich zu sein. Einmal die ungeschminkte Wahrheit über sich zu sagen oder jemandem seinen eigenen Standpunkt darzulegen, fällt schwer. Aber man fühlt sich danach wesentlich besser, weil man sich seiner „selbst-bewusst" ist. Dann steht man mit beiden Beinen im Leben, und nur so kann man in seiner Mitte sein – ein weiterer Schritt, das eigene Gleichgewicht und somit seine Gesundheit wiederherzustellen und einen Weg zu sich und seiner Gesundheit und der Gesundheit seines Pferdes zu gehen. Ist der Mensch mit sich im Reinen, ist das Tier ausgeglichen und glücklich. Leidet der Mensch, leidet auch das Tier. Sehen Sie in die Augen Ihres Pferdes, fühlen Sie in seine Seele, und Sie erkennen die unendliche Liebe, die es mit Ihnen teilt.

Achtung, Wertschätzung und „Da-sein" sind die wichtigste Basis für die Liebe zwischen Pferd und Besitzer. *Foto: Christiane Slawik*

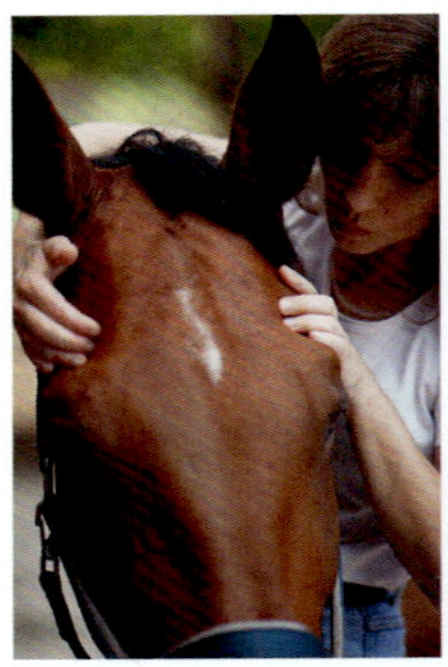

Durch den Tod ihres Pferdes Junior kam die Journalistin und Pressefotografin Martina Kiss zur Tierkommunikation (nach Carola Lind und Nadja Bacchi) und in weiterer Folge zur Tierenergetik. Sie arbeitet mit Cranio-Sacraler Ausgleichsenergie und Touch for Health für Pferde und Hunde. Ihre Spezialgebiete sind Pferdekinesiologie (Dr. Christina Fritz) und Coaching zwischen Mensch und Tier (Nadja Bacchi). Seit einigen Jahren studiert sie das Verhalten der Mensch-Pferd-Beziehung.

www.balance4animals.at

Chakren beim Pferd

Energiezentren und ihre Auswirkungen

von Martina Kiss

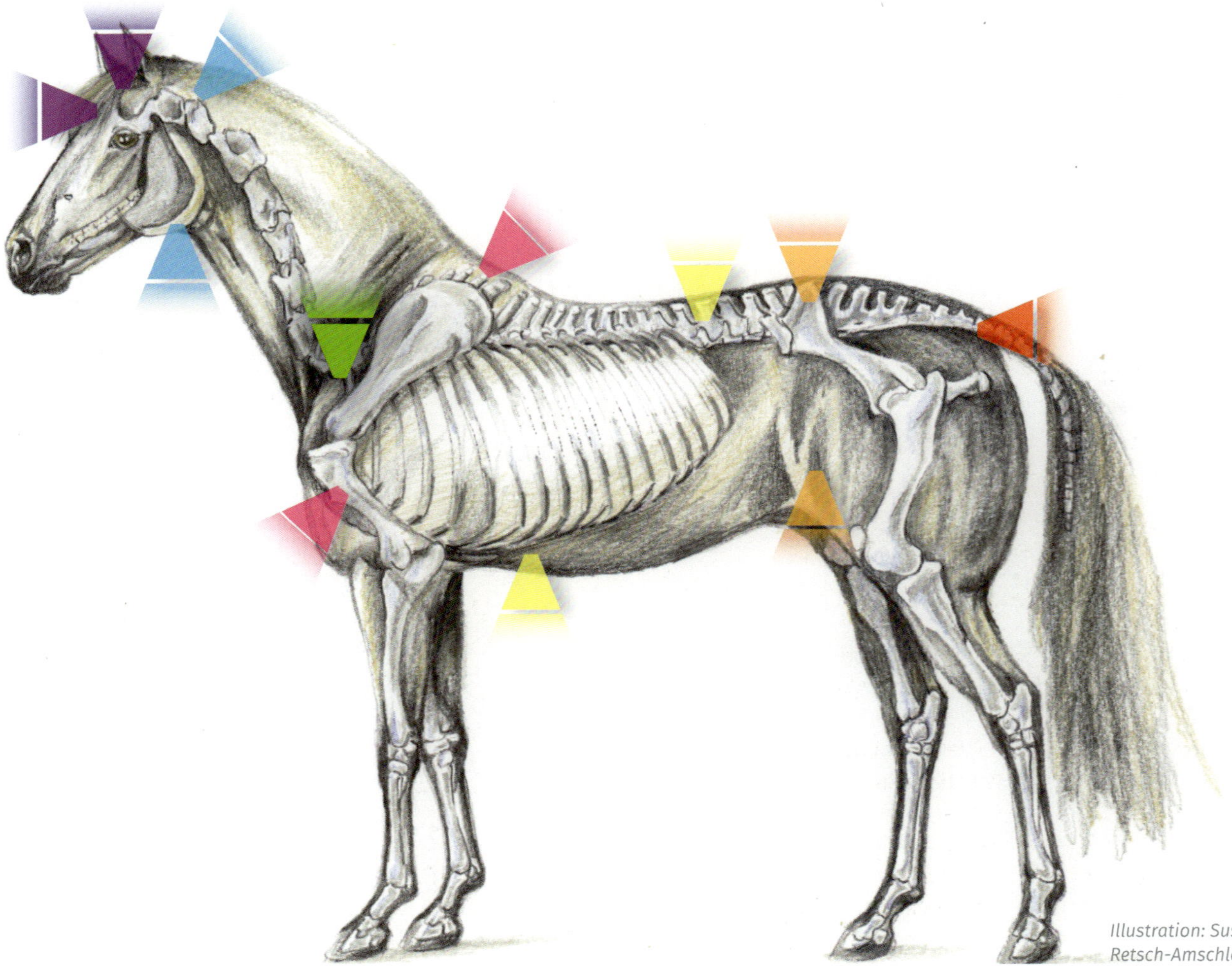

Illustration: Susanne Retsch-Amschler

Pferde verfügen über gut abgestimmte Energiesysteme. Neben den Blut-, Lymph-, Herz-Kreislauf- und den anderen Organsystemen gibt es noch energetische Systeme wie die Chakren, die auch Auswirkungen auf die Gesundheit unserer Pferde haben. Von ihrer Natur her muss jedes dieser oben genannten Systeme einwandfrei funktionieren, denn diese Energie soll reibungslos fließen, damit unsere Pferde körperlich gesund sind. Welche Bedeutung haben nun die Chakren in der Gesunderhaltung unserer Pferde?

Der Körper ist ein Wunderwerk der Natur. Er funktioniert bei Mensch und Pferd gleichermaßen, wenn man ihn mit genug Energie – in Form von Nahrung, Wasser und Bewegung – versorgt. Gerade Pferde sind auf all diese Komponenten in bester Qualität angewiesen. Sonst können sie erkranken. Noch bevor es zu dem Ausbruch einer Erkrankung kommt, funktioniert der Pferdekörper (bis er nicht mehr kann), da das Beutetier Pferd in freier Wildbahn sonst zum Opfer wird. Ein domestiziertes Pferd, das in einem Stall gehalten wird, verhält sich aber ähnlich, denn nicht umsonst hält es auch durch, bis die Erkrankung schon sichtbar ist. In einer Box, in der sie mitunter sechs bis acht Stunden am Tag stehen, können sich Pferde nicht so bewegen, wie es für ihre Gesundheit gut wäre. Das kann dann neben Erkrankungen der Organe im Vorfeld zu Energieleere oder Energiefülle in einzelnen Körperregionen führen. Da könnten auch die Chakren eine nicht unerhebliche Rolle spielen. Betrachten wir ebendiese Chakren, die von außen her nicht sichtbar sind, etwas näher.

Die Energiezentren im Pferdekörper

Es gibt sieben Hauptchakren, deren Energie auch Einfluss auf die Körperfunktionen nehmen kann. Sie sind jeweils auf der Unterlinie bis zum Hals und zum Kopf angeordnet, strahlen aber auf der Rückenlinie aus.

1. Chakra – das Wurzelchakra

Das Wurzel- oder Basischakra ist die Verbindung zur Erde und ist das Kraftzentrum schlechthin. Es liegt im Bereich der Schweifrübe zwischen Damm und Genitalien und steht für Lebensenergie, Fortpflanzung, Selbstsicherheit und Selbstbehauptung, Sicherheit, elementaren Willen, Urvertrauen und Vertrauen. Der Überlebensinstinkt wird über das Wurzelchakra definiert. Pferde mit einem energievollen, starken Wurzelchakra sind gut in der Erde verankert und strahlen diese Energie auf ihr Umfeld und auf andere Pferde aus. Sie wirken stark, gesund und kräftig. Pferde, bei denen wenig oder nur schwache Energie im Wurzelchakra ist, nehmen wir kaum wahr und sie fallen auch in einer Herde nicht auf. Sie kränkeln oft, sind energielos und eher leistungsschwach.

Vom Wurzelchakra aus wird die Energie in alle anderen Chakren geleitet. Ist das Wurzelchakra energielos, zieht sich das bis zum Kronenchakra durch, denn die ganze Energie des Organismus wird durch das Wurzelchakra gespeist, das seine Kraft über die Erde zieht. Energetisch ist es an die Chakren der Hufsohlen der Hinterbeine und den Energiezentren der Knie gekoppelt.

Wurzelchakra

Farbe:	rot
Element:	Erde
Körperzuordnung:	Nebenniere (Hormone: Aldosteron, Kortisol, Kortison, Testosteron, Adrenalin, Nonadrenalin)
Organe:	Hinterbeine, Beckenboden, After, Nase, Geschlechtsorgane, Dickdarm, Sehnen und Teile des Bindegewebes
Sinne:	Tastsinn, Gleichgewichtssinn, (zum Teil) Geruchssinn
Funktion:	Urvertrauen, Vertrauen, Sicherheit, Lebensenergie, Überleben, Durchsetzungsvermögen, Stabilität
Störung:	Antriebsschwäche, Müdigkeit, Kraftlosigkeit
Auswirkung:	kein Selbstbewusstsein, Ängstlichkeit

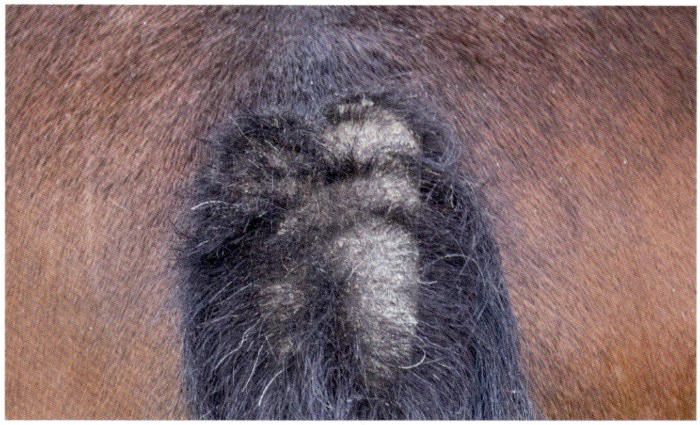

Pferde scheuern sich auch, um das Wurzelchakra zu öffnen.
Foto: Christiane Slawik

2. Chakra – das Sakralchakra

Das Sakralchakra ist das emotionale Kommunikationschakra. Es ist das Zentrum des Urinstinkts und steht für Vitalität auf der Fortpflanzungsebene. Es liegt zwischen Bauchnabel und Geschlechtsorganen. Unkastrierte Pferde mit einem schwachen Sakralchakra haben wenig sexuelle Bedürfnisse, sind wenig hengstig und Stuten haben wenig bis keine Rosse. Alte Traumata und nicht verarbeitete Emotionen können zu Blockierungen im Sakral- und/oder Wurzelchakra führen. Energetisch kommuniziert das Sakralchakra mit dem Halschakra und den Energiezentren am Knie.

Sakralchakra

Farbe:	orange
Element:	Wasser
Körper-zuordnung:	Oberschenkel, Lende, Knie, Becken, Euter, Nase, Hoden, Eierstöcke (Hormon: Testosteron, Progesteron, Östrogen)
Organe:	Niere, Blase, innere Geschlechtsorgane
Sinne:	Geruchssinn, Geschmackssinn
Funktion:	Begeisterung, Geschlechtstrieb, Lebenskraft, ungefilterte Gefühle
Störung:	Urängste, schlechte Aufnahme bei Besamung, Blockierung Lumbo-Sacral-Übergang (LSÜ), Sacrum
Auswirkung:	mangelnde Hinterhandaktivität und Taktunreinheiten der Hinterhand
Krankheiten:	Unfruchtbarkeit (Stute nimmt nicht auf), Eierstockzysten und -entzündungen

Kann die Energie im Sakralchakra frei fließen, steht einer erfolgreichen Besamung nichts im Wege. *Foto: Christiane Slawik*

3. Chakra – das Solarplexuschakra

Das Solarplexuschakra ist der Sitz der persönlichen Kraft, des Selbstbewusstseins und es ist der zentrale Haltepunkt. Es liegt rund um den Bauchnabel. Pferde mit einem kraftvollen Solarplexuschakra können gut Beziehungen zu Menschen und Pferden aufbauen und haben ein ausgeglichenes Gefühlsleben. Pferde, die ein schwaches Solarplexuschakra haben, verlieren den Kontakt zu sich selbst und haben unbeherrschte Emotionen. Energetisch kommuniziert das Solarplexuschakra mit den Energiezentren an den Ellbogen und dem oberen Stirnchakra, das über dem 3. Auge liegt.

Solarplexuschakra

Farbe:	gelb
Element:	Feuer
Körper-zuordnung:	Zwerchfell, Ellbogen, Pankreas (Hormon: Insulin) und den Hormonen der Schilddrüse
Organe:	Magen, Leber, Darm, Haut
Funktion:	Wille, Macht, Persönlichkeit, Weisheit, Verarbeitung von Gefühlen und Erlebnissen
Störung:	unbeherrschte Emotionen, das Pferd schaltet emotional ab (bei Verletzung des Chakras)
Auswirkung:	Stressanfälligkeit, Hoffnungslosigkeit, Nervosität
Krankheiten:	Magengeschwüre, Darmerkrankungen, Lebererkrankungen, Erkrankungen des vegetativen Nervensystems

Weniger selbstbewusste Pferde halten sich gerne in der Nähe von Pferden auf, deren Solarplexuschakra energievoll ist. *Foto: Christiane Slawik*

4. Chakra – das Herzchakra

Das Herzchakra ist das Kommunikationszentrum. Es liegt im Bereich der Brustbeinspitze und der Vorderhand. Ein gut ausgebildetes Herzchakra verkörpert die reine Liebe.

Pferde mit einem starken Herzchakra sind Seelenwärmer. Pferde, die oft isoliert von anderen Pferden gehalten werden, haben eine Störung im Herzchakra. Energetisch kommuniziert das Herzchakra mit den Chakren an den Sohlen der Vorderhufe und dem Kronenchakra.

Herzchakra

Farbe:	grün und rosa
Element:	Luft
Körperzuordnung:	Blutkreislauf, Thymusdrüse (T-Lymphozyten – wichtig für die Immunabwehr), Vorderbeine, Brustkasten, Teile der Haut
Organe:	Herz, unterer Lungenbereich
Funktion:	Beziehung, Liebe, Mitgefühl, Herzenswärme, Heilung
Störung:	unbeherrschte Emotionen, das Pferd schaltet emotional ab (bei Verletzung des Chakras)
Auswirkung:	Herzprobleme, Lungenprobleme, Atembeschwerden, psychische Probleme
Krankheiten:	alle Krankheiten des Herzens und der Lunge

Pferde, deren Herzchakra kraftvoll ist, sind sehr ausgeglichen, und die anderen Pferde halten sich gern in ihrer Nähe auf. *Foto: Christiane Slawik*

5. Chakra – das Kehlchakra

Das Kehlchakra ist der Sitz der Kommunikation, der verbalen Ausdrucksweise. Es liegt in der Höhe des Kehlkopfes. Pferde mit einem kraftvollen Kehlchakra sind zufrieden und ausgeglichen. Pferde, die ein schwaches Kehlchakra haben, entwickeln Feindseligkeit und Misstrauen gegenüber der Umwelt und es kommt zu Gewalt und Demütigung. Sie können sich schwer in die Herde eingliedern, sind rangniedrig, beißen und schlagen unvermittelt. Hingegen ranghohe Tiere haben sich ihren Rang nicht durch Souveränität, sondern durch Gewalt erkämpft. Energetisch kommuniziert das Kehlchakra mit dem Sakralchakra.

Kehlchakra

Farbe:	hellblau und türkis
Element:	Äther
Körperzuordnung:	Kehlkopf, Stimmbänder, Speiseröhre, Rachenraum, Ohren, Bronchien, Schilddrüsen, Nebenschilddrüse (Hormone: T3 und T4 – Gesamtmetabolismus, Calzitonin und Parathormon), Knochenstoffwechsel
Organe:	obere Lunge
Sinne:	Gehörsinn, Geruchssinn, Geschmackssinn
Funktion:	Ausdruck, Kommunikation, Offenheit, Inspiration
Störung:	zu wenig Selbstvertrauen, Misstrauen, Aggression
Auswirkung:	Versagensängste, das Pferd geht nicht mehr durchs Genick, Blockaden Lumbo-Sacral-Übergang (LSÜ), Atlas, cranio-sacrale Blockierungen, Kiefergelenk und Zungenbein
Krankheiten:	Schilddrüsenüber- und -unterfunktion, Nebenschilddrüsenüber- und -unterfunktion

Pferde, deren Kehlchakra nicht ausgeglichen ist, können ganz unvermittelt zubeißen. *Foto: Christiane Slawik*

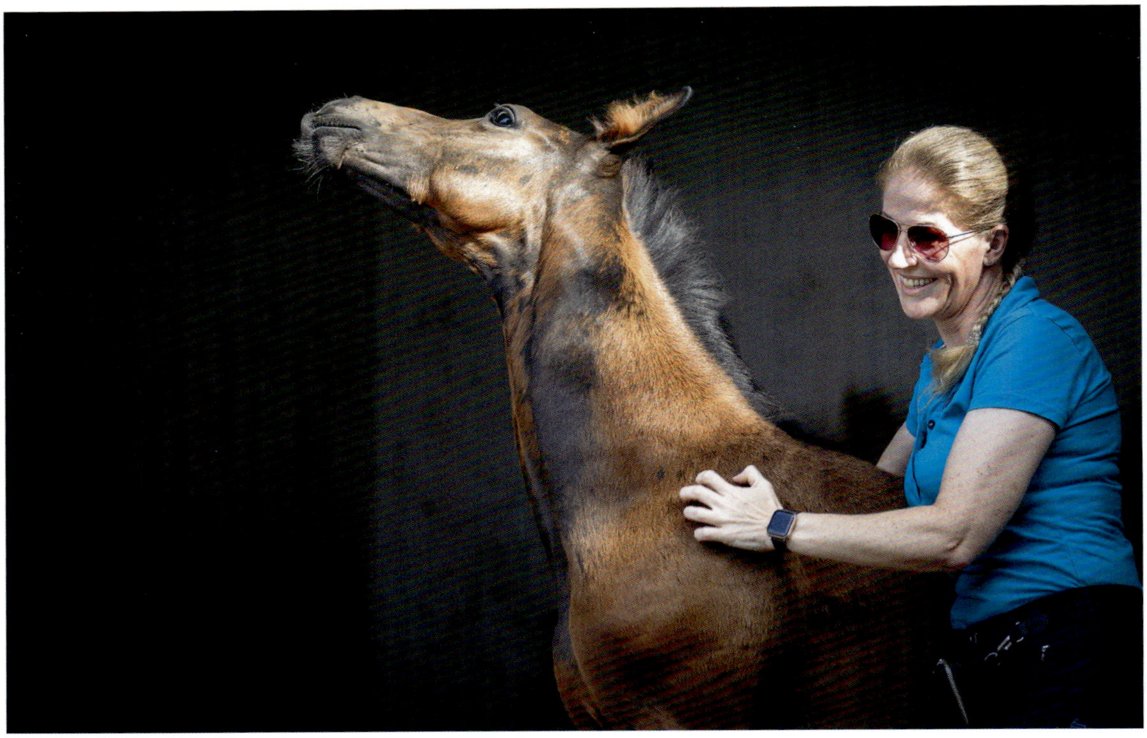

Pferde, die sich „aufladen“ wollen, genießen das Schubbern des Brachialischakras. *Foto: Christiane Slawik*

6. Chakra – das Stirnchakra (3. Auge)

Das Stirnchakra oder auch 3. Auge ist der Sitz der geistigen Kommunikation, auch der Tierkommunikation. Es liegt zwischen den Augen mittig auf der Stirn. Pferde mit einem kraftvollen 3. Auge sind kreativ und geistig wendig. Wenn das Pferd schwere emotionale Traumata erlebt hat, wird mit diesem Chakra gearbeitet, weil dort negative Bilder an die Oberfläche geholt und gelöscht oder transformiert werden können. Energetisch kommuniziert das Stirnchakra mit dem Hinterhauptsbeinchakra (Nebenchakra).

Stirnchakra oder 3. Auge

Farbe:	indigoblau
Körperzuordnung:	Zwischenhirn, Augen, Teile des Gesichts, Ohren, Nase
Organe:	Gehirn – Verbindung zu den Augen
Sinne:	Sehsinn
Funktion:	Erkenntnis, Intuition, Wahrnehmung, Wille
Störung:	Verstimmung bis zu Depression, erhöhter Verbrauch von Lebensenergie bei körperlicher Manifestation
Auswirkung:	Kopfscheue, Schreckhaftigkeit, Ängstlichkeit bei Sehbeeinträchtigung
Krankheiten:	alle hormonellen Störungen, Augenerkrankungen, Ohrenerkrankungen, Blockierungen der Schädelknochen

7. Chakra – das Kronenchakra

Das Kronenchakra ist das Zentrum der Einheit zwischen spirituellem und physischem Leben. Es ist der Weg nach oben ins Universum und liegt zwischen den Ohren. Pferde mit einem geöffneten Kronenchakra stehen in Verbindung mit der spirituellen Welt und ihrer Energie. Pferde, deren Kronenchakra geschlossen ist, wirken abgeschaltet. Das Kronenchakra kommuniziert deshalb auf der energetischen Ebene mit den transpersonalen Chakren, der Aura und dem Herzchakra.

Kronenchakra

Farbe:	violett bis weiß
Körperzuordnung:	Gehirn, Rückenmark, Augen, Epiphyse, Oberkopf, Kopfhaut
Organe:	Gehirn
Funktion:	spirituelle Kommunikation, universelles Bewusstsein, höchste Erkenntnis
Störung:	geschwächt bei ganzheitlicher Kontrollfunktion
Auswirkung:	Kopfscheue, das Pferd lässt sich nicht aufzäumen, ist unnahbar bis abgeschaltet
Krankheiten:	Schlafstörungen, Narkolepsie, Fehlentwicklungen der Geschlechtsorgane, Augenschäden, Kopftumoren

Korrespondierendes Chakra Brachialischakra

Das 8. Chakra, das Brachialischakra, liegt am Kreuzungspunkt Dünndarm und Dreifach-Erwärmer beidseitig des Halses und ist für Pferde das Schlüsselchakra. Es dient auch zur Verbindung zwischen den körperlichen (Wurzel-, Sakral-, Solarplexus-, Herzchakra) und den geistigen Chakren (Kehl-, Stirn- und Kronenchakra) und ist somit ein korrespondierendes Chakra.

Das heißt, es wirkt sich auf alle anderen Chakren aus. Pferde, die sich mit dem Hals an einem Baum oder auch am Menschen reiben, öffnen und vitalisieren sich das Brachialischakra. Krault der Mensch sein Pferd auf dem Brachialischakra (und lässt das Pferd es zu), tut er ihm auf jeden Fall etwas Gutes.

Zusammenspiel der Energiewirbel

Damit das Pferd in seinem Energiehaushalt ausgeglichen und somit gesund ist, sollten alle Chakren geöffnet und energiegeladen sein. Wie bei einem Uhrwerk greifen die Chakren wie Zahnräder ineinander. Ist nur eines der acht Chakren schwach oder geschlossen, hat es Auswirkungen auf alle anderen Chakren. Ist das Wurzelchakra geschwächt, wird auch das Sakralchakra schwach und energielos sein, und so weiter.

Korrekturmöglichkeiten für Chakren

Es gibt verschiedene Möglichkeiten, um Chakren zu öffnen, sodass sie mit Energie gefüllt werden können:

- Atemtechniken anwenden
- Farblichttherapie
- Visualisierung der Chakren
- Einschwingen mit Essenzen und Heilsteinen
- Heilströmen

Man darf hinter einer Erkrankung nicht immer eine geschlossenes, verletztes oder energieloses Chakra vermuten, aber es lohnt sich (wenn alle anderen Behandlungsmethoden langfristig zu keinem positiven Ergebnis führen), auf die Chakren einzugehen. In jedem Fall sollte man mit Spezialisten arbeiten, da die Arbeit mit Chakren tief ins energetische Feld der Pferde eingreift. Die Arbeit mit den Chakren kann jedoch sehr befreiend für Pferde wirken, da sie auch mentale Probleme und Traumata heilen kann, und die Energie kann im Pferd wieder frei fließen.

Quellen: Dr. Christina Fritz, Ausbildung Animal Touch
Barbara Ann Brennan, Licht-Arbeit, Arkana Verlag Goldmann

Foto: Christiane Slawik

KRYPTOPYRROLURIE (KPU)

Verbreitete Stoffwechselstörung oder Modediagnose?

von Dr. Christina Fritz

Seit einigen Jahren werden immer mehr Pferde mit der unaussprechlichen Krankheit Kryptopyrrolurie (KPU) in unseren Ställen diagnostiziert. Dabei gehört diese Diagnose zu denen, die wohl mit am meisten umstritten sind. Hier reichen die Aussagen von Tierärzten und Therapeuten über das gesamte Spektrum von „Gibt es gar nicht" über „Modediagnose" bis zu „Das hat doch jedes Pferd". Als Besitzer steht man dann meist recht ratlos vor seinem ganz offensichtlich kranken, aber anscheinend nicht diagnostizierbaren Pferd und weiß nicht weiter. Was steckt hinter dem Krankheitsbild KPU?

Zunächst einmal wurde der Begriff „Kryptopyrrolurie", oder auch kurz KPU genannt, vor etwa 15 Jahren aus der Humanmedizin entlehnt, wie so oft, wenn eine neue Symptomatik beim Pferd beschrieben wird, man aber noch nicht so genau weiß, womit man es zu tun hat. Beim Menschen findet man eine ganze Reihe von Veröffentlichungen zu dem Thema. Die im Namen versteckten „Pyrrole" sind nämlich schon seit dem 19. Jahrhundert bekannt. Man konnte sie aus dem Urin von Menschen extrahieren und nannte sie – aufgrund ihrer Farbe – auch „Mauve-" oder „Malvenfaktor", wovon sich dann später die Bezeichnung „Malvenkrankheit" abgeleitet hat.

KPU BEIM MENSCHEN UND DIE PSYCHE

Insbesondere in den 1960er-Jahren wurde das dann bereits als „Kryptopyrrolurie" bezeichnete Phänomen der erhöhten Pyrrole im Urin intensiv untersucht, vor allem im Zusammenhang mit psychischen Erkrankungen wie Schizophrenie. Diese These wurde allerdings in den 1970er-Jahren widerlegt, da sich herausstellte, dass die erhöhten Pyrrolwerte auf Abbauprodukte der bei Schizophrenie in den 1960er-Jahren verabreichten Medikamente zurückzuführen waren.

Dennoch entwickelte Pfeiffer in den 1970er-Jahren das Modell, nach dem bei Kryptopyrrolurie neben den Pyrrolen auch in erhöhtem Maß Vitamin B6 und Zink über den Urin ausgeschieden werden, ein Modell, das bis heute nicht schlüssig nachgewiesen werden konnte. Es folgte die Theorie, dass bei betroffenen Menschen die Hämoglobin-Synthese fehlerhaft abläuft, weshalb in erhöhtem Maß Pyrrole ausgeschieden würden. Diese These ist heute weitgehend widerlegt. Hinweise, dass Pyrrole auch aus bestimmten Nahrungsmitteln oder bei Dickdarm-Dysbiosen entstehen und dann über den Urin ausgeschieden werden könnten, wurden bis heute nicht näher untersucht. Entsprechend verlief die Forschung zu dem Thema in den frühen 1980er-Jahren im Sand.

KPU/HPU BEIM MENSCHEN GIBT ES UND GIBT ES NICHT

Fakt ist, dass manche Menschen deutlich mehr Pyrrole im Urin ausscheiden als andere und dass diese Ausscheidung sehr häufig mit Stoffwechselkrankheiten und -symptomen einhergeht, von Morbus Hashimoto bis Chronic Fatigue. Auch unbestritten ist die Tatsache, dass diesen Menschen durch die Substitution mit Mikronährstoffen nachhaltig geholfen werden kann: Die Symptome schwächen sich ab oder verschwinden komplett, auch ohne eine medikamentöse Intervention.

Es gibt aber bis heute nur wenige Labore und Ärzte, die sich mit dem Phänomen beim Menschen beschäftigen, das heute meist unter der Bezeichnung HPU (Hämopyrrolaktamurie) läuft. Entsprechend wird an den Ursachen auch nicht weiter geforscht. Dabei kann man gespannt sein, ob das Thema im Zuge der Mikrobiom-Forschung wieder aufgegriffen wird, die beim Menschen inzwischen schon eine ganze Reihe von Erkrankungen – von Übergewicht bis Demenz – mit Störungen der Darmflora in Verbindung bringen kann.

WAS SAGT UNS DAS ZU KPU BEIM PFERD?

In der Tat haben all die Kritiker recht, die behaupten: „Das gibt es nicht", in dem Sinn, dass es bisher keinerlei Forschung zu KPU beim Pferd gibt. Bezieht man sich lediglich darauf, was wissenschaftlich publiziert wurde zu einem Thema, dann ist die KPU beim Pferd nicht existent. Dennoch kann man bei Pferden in der täglichen Praxis beobachten, dass es einige gibt, die deutlich erhöhte Pyrrolmengen im Urin ausscheiden und die meist auch unter verschiedenen Stoffwechselkrankheiten und -symptomen leiden und insgesamt von ihrem Gesundheitszustand instabil sind. Pferde, bei denen die Pyrrole im Urin im Normalbereich liegen, zeigen hingegen in der Regel keine solchen Stoffwechselprobleme und sind auch insgesamt von ihrer Gesundheit her weniger störanfällig.

Unterstützt man Pferde, die hohe Pryrrolmengen im Urin ausscheiden, mit Mikronährstoffen (vergleichbar mit dem Therapieansatz bei Menschen mit KPU/HPU), bessert sich der Zustand und die Symptome verschwinden teilweise komplett. Setzt man die Mikronährstoffe ab, treten die Symptome häufig wieder auf. Also scheint es auch hier eine Dysbalance im Mikronährstoffhaushalt zu geben, die zu Stoffwechselsymptomen führen kann.

Es stellt sich nur die Frage nach der Ursache für diese Dysbalance, denn eine genetische Ursache (die beim Menschen vermutet wird, aber bisher nicht nachgewiesen werden konnte) kann beim Pferd weitgehend ausgeschlossen werden.

DER DARM IST DIE MUTTER DER GESUNDHEIT

Sucht man nach der Ursache für die KPU beim Pferd, wird man – wie so oft bei Stoffwechselthemen – beim Dickdarm fündig. Dieser wurde in den letzten Jahrzehnten leider in der Forschung ebenso sträflich vernachlässigt wie beim Menschen. Erst in letzter Zeit beginnt man, sich näher mit dem Mikrobiom des Pferdes zu beschäftigen, und kann inzwischen schon verschiedene Stoffwechselerkrankungen – von Hufrehe bis chronische Atemwegserkrankungen – mit Dysbiosen (Fehlgärungen) im Dickdarm in Verbindung bringen.

Durch die Gabe von bestimmten Spurenelementen und Vitaminen kann der Stoffwechsel von Pferden mit hohen Pyrrolwerten gezielt unterstützt werden. *Foto: Sanoanimal.de*

Stört man das natürliche Dickdarm-Mikrobiom beim Pferd, kann es zur Ausprägung einer Stoffwechselstörung im Sinne der KPU kommen. Diese ist dann vor allem dadurch gekennzeichnet, dass die natürliche Fähigkeit, sich fortlaufend selbst zu entgiften, stark reduziert ist und gleichzeitig in erhöhtem Maß Mikronährstoffe verloren gehen/verbraucht werden. In Summe führt das zu den sichtbaren Symptomen. Deshalb geht es den Pferden auch symptomatisch besser, sobald man die Mikronährstoffe zufüttert, und wieder schlechter, sobald man diese weglässt. Solange man den Darm nicht stabilisiert und dafür sorgt, dass sich das Mikrobiom normalisieren kann, bleibt der hohe Mikronährstoffbedarf bestehen, und ein Mangel führt dazu, dass wieder Symptome auftreten.

DIE FÜTTERUNG MACHT DIE KPU

Wenn der Dickdarm die Ursache für das Symptombild ist, das wir als KPU bezeichnen, erklärt sich auch, warum so viele Pferde von dieser Stoffwechselstörung betroffen sind. Denn die Pferdefütterung wurde in den letzten 30 Jahren praktisch einmal „auf links gedreht". War es früher üblich, dass die Pferde einen Kleinballen Heu pro Tag und Pferd bekamen (je nach Ballengröße meist 15–20 Kilogramm), auf Stroheinstreu standen, die auch geknabbert wurde, und bei schwerer Arbeit Hafer zugefüttert bekamen, ist diese gesunde Fütterung nach und nach verschwunden.

Heu wurde durch Heulage ersetzt, das Stroh durch Späne, und der Hafer wurde von Müslis abgelöst mit ihren geflockten, hochverdaulichen Getreiden und versteckten Pektinen von Apfeltrester bis Zuckerrübenschnitzel. Und nachdem immer mehr Pferde bei dieser Fütterung stoffwechselkrank wurden, gibt es heute „getreidefreie" Müslis in den Trog, die mit ihren Strukturhäckseln die Fehlgärungen im Dickdarm noch mehr fördern, als das die geflockten Getreide je vermocht hatten.

Nicht artgerechte Futtermittel wie Heulage können für Dysbiosen (Fehlgärungen) im Dickdarm sorgen und langfristig beim Pferd zu KPU führen. *Foto: Christiane Slawik*

So findet man heute kaum noch ein Pferd, das in seinem Leben nicht an irgendeinem Punkt eines dieser Futtermittel bekommen hat. Dass auch Antibiotika das Mikrobiom im Dickdarm erheblich stören, hat sich schon länger herumgesprochen, auch

Eine artgerechte Ernährung ist der Schlüssel für eine nachhaltige Therapie der KPU beim Pferd. Nur so kann der Dickdarm wieder in die Balance gebracht werden. *Foto: Christiane Slawik*

hier sind viele Pferde betroffen. Dass aber auch Wurmkuren einen massiven negativen Effekt haben auf die wichtigen „Untermieter" im Dickdarm, ist bisher noch kaum bekannt, obwohl es längst wissenschaftlich nachgewiesen wurde. Dennoch wird in vielen Ställen weiter sorglos zwei- bis viermal jährlich „prophylaktisch" entwurmt. Insofern hat auch die Fraktion von „Das hat doch jedes Pferd" recht – es gibt in der Tat kaum noch Pferde, deren Dickdarm wir nicht durch unsere Einflüsse massiv geschädigt haben. Entsprechend verbreitet ist KPU in unseren Ställen.

WAS PASSIERT BEI KPU IM PFERD?

Wir wissen bisher aus der praktischen Erfahrung, dass bei Pferden die Ursache der KPU im Dickdarm anzusiedeln ist und direkt mit der Gesundheit des Mikrobioms zusammenhängt. Wir wissen ebenfalls, dass Pferde mit KPU einen erhöhten Verbrauch oder Verlust von bestimmten Mikronährstoffen haben. Was bisher nicht wissenschaftlich eindeutig belegt werden konnte, sind die Vorgänge, die auf physiologischer Ebene ablaufen, wenn es zu solchen Störungen der Darmflora kommt. Hier gibt es jedoch einige Theorien, die sich auf die Stoffwechselvorgänge stützen, die man in jedem guten Physiologie-Lehrbuch nachlesen kann.

Bekannt ist beispielsweise, dass das Mikrobiom beim Pferd ein Nettoproduzent von Vitaminen aus dem B-Komplex ist. Selbst wenn man (gesunde) Pferde mit einem Futter ernährt, das frei ist von B-Vitaminen, kann man diese alle in ihren verschiedenen aktiven Varianten im Dickdarm nachweisen. Wir wissen von KPU/HPU betroffenen Menschen, dass insbesondere die Vitamine B12 (Cyanocobalamin bzw. seine aktive Subvariante Methylcobalamin) sowie Vitamin B6 (bzw. seine aktive Variante Pyridoxal-5-Phosphat) eine wesentliche Rolle bei der Entstehung des Krankheitsbilds spielen.

Eine rötliche Färbung der Mähne bei Rappen kann auf eine Belastung der Leber aufgrund eines Mineralstoffmangels hinweisen.

Schwefelmangel ist nicht im Blutbild nachweisbar, man sieht ihn aber symptomatisch in den großen „Schwefelverbrauchern“: Haut, Haar und Hufe lassen in ihrer Qualität und/oder Quantität zu wünschen übrig. *Foto: Christiane Slawik*

FEHLENDES VITAMIN B6 = ENTGIFTUNG GESTÖRT

Betrachtet man die physiologischen Vorgänge auf Zellebene in der Leber, dann stellt man fest, dass hier in den Leberzellen (Hepatozyten) die sogenannte Biotransformation abläuft. Dabei handelt es sich um komplexe biochemische Reaktionskaskaden, die in mehreren Phasen ablaufen und zum Ziel haben, Giftstoffe (aus dem eigenen Stoffwechsel stammend oder auch aufgenommen wie Medikamente oder Pflanzentoxine) so umzubauen, dass sie gut wasserlöslich und dann über die Nieren ausscheidbar sind. Um die Phase 2 bei einigen dieser Reaktionen zu starten, wird unter anderem Pyridoxal-5-Phosphat (aktives Vitamin B6) benötigt. Ist das Dickdarm-Mikrobiom gestört, wird nicht ausreichend aktives Vitamin B6 zur Verfügung gestellt, was zu einem Abbruch der Biotransformation führen kann.

Aber was passiert dann? Der Körper ist in der Lage, für die meisten Stoffwechselreaktionen, die überlebenswichtig sind, Kompensationsreaktionen zu starten, sollte die normale Reaktion nicht ablaufen können. Im Fall unserer Biotransformation ist die Leber in der Lage, einen Teil der Abfallstoffe dennoch ausscheidbar zu machen, indem andere Stoffwechselwege genommen werden, die zu einem erhöhten Mineralverbrauch führen. Betroffen sind hier vor allem Zink, Mangan, Eisen und Schwefel, weshalb diese beim Menschen mit KPU/HPU auch substituiert werden. Pferde haben das Glück, dass Eisen und Mangan in der Regel in hohem Maß im Grundfutter (Gras, Heu) vorhanden sind, sodass diese nur äußerst selten in den Mangel gehen.

HINWEISE: ZINK- UND SCHWEFELMANGEL

Häufig hingegen sind Mangelerscheinungen von Schwefel und Zink. Schwefel wird überall benötigt, wo Hornstrukturen aufgebaut werden: Haut, Haar, Hufe. Deshalb „kippt“ der Stoffwechsel dieser Pferde meist im Fellwechsel, weil dieser in erhöhtem Maß Schwefel verbraucht, um das neue Haar zu bilden. Auch die Atemwege haben einen hohen Bedarf an Schwefel, um die natürliche Schleimschutzschicht auf der Atemwegsschleimhaut aufzubauen. Fehlt Schwefel, kann es zu „trockenen“ Atemwegen kommen, die anfällig sind für Staubreize. Sehr viele „Heustauballergiker“ sind eigentlich Pferde mit KPU-bedingtem Schwefelmangel. Da sie spätestens an dem Punkt meist mit Heulage gefüttert werden, zementiert man die Problematik, sodass mit der Zeit weitere Stoffwechselkrankheiten, die auf eine KPU hinweisen, dazukommen können.

Die Hinweise auf Zinkmangel sind diffuser, da Zink an über 300 Stoffwechselreaktionen beteiligt ist – vom Ablesen der DNA bis zum Funktionieren des Immunsystems. Man kann ihn jedoch bei extrem vielen Pferden im Blutbild sehen, und das, obwohl die Labore seit einigen Jahren kontinuierlich die Referenzwerte nach unten schrauben, um diesen grassierenden Zinkmangel in unserer Pferdepopulation zu verschleiern. Entsprechend seinen vielen Aufgaben weitreichend sind die Folgen eines Zinkmangels. Das ist einer der Gründe, warum KPU auch als „Krankheit mit tausend Gesichtern" bezeichnet wird. Denn sie kann sich symptomatisch bei jedem Pferd anders äußern – je nachdem, welche Nährstoffe und Stoffwechselvorgänge bei dem jeweiligen Pferd am meisten betroffen beziehungsweise wie weit die Mangelzustände schon fortgeschritten sind.

→ Die KPU beim Pferd ist sicher nicht dasselbe wie das, was als KPU/HPU beim Menschen bezeichnet wird. Sie ist aber mit an Sicherheit grenzender Wahrscheinlichkeit eine Stoffwechselstörung, die im Dickdarm ihren Anfang nimmt, die Biotransformation in der Leber in Mitleidenschaft zieht und in der Folge neben der Einlagerung von Toxinen auch zu einem erhöhten Verbrauch an verschiedenen Nährstoffen führt, die – wenn sie in den Mangel gehen – für die meisten sichtbaren Symptome verantwortlich sind.

WAS TUN BEI VERDACHT AUF KPU?

Der Verdacht auf KPU ergibt sich meist aus den Stoffwechselsymptomen und der Vorgeschichte des Pferdes. Die Diagnostik findet in der Regel über einen speziellen Urintest statt, den nur zwei Labore in Deutschland anbieten. Hier werden Kryptopyrrol und Indikan bestimmt. Der Indikanwert weist auf Fehlgärungsprozesse im Dickdarm hin. Er sollte bei einem gesunden Pferd bei 0 sein. Liegt er bei 1, sollte man die Fütterung optimieren und den Darm unterstützen, damit er sich wieder gegen 0 bewegt. Liegt der Indikanwert zwischen 2–4, muss man davon ausgehen, dass erhebliche Dysbiosen vorliegen und man therapeutisch das Pferd unterstützen sollte, sein Dickdarmmilieu wieder zu normalisieren.

Der Kryptopyrrolwert ist etwas schwieriger zu interpretieren, da er nicht nur aufgrund einer KPU reagiert, sondern auch mit der Zusammensetzung der Fütterung variieren kann. So scheinen hohe Eiweißgehalte einen Einfluss auf die Menge an ausgeschiedenem Kryptopyrrol zu haben. Man kann aber davon ausgehen, dass das Pferd keine KPU hat, wenn der Kryptopyrrolwert im Rahmen seiner vom Labor angegebenen Referenzwerte und der Indikan im Bereich von 0 bis 1 liegen. Ist der Indikanwert erhöht und der Kryptopyrrolwert noch im Rahmen, dann liegen schon Dysbiosen vor, aber derzeit ist die Leber noch in der Lage, das zu kompensieren. Erst wenn die Biotransformation deutlich entgleist, steigt auch der Kryptopyrrolwert über den Referenzwert hinaus an. Zusammen mit einem erhöhten Indikanwert muss man davon ausgehen, dass das System nachhaltig gestört ist.

Um die erhöhte Ausscheidung von Pyrrolen nachzuweisen und einen Hinweis über Dysbiosen im Dickdarm zu bekommen, ist eine spezielle Urinuntersuchung notwendig. *Foto: Christiane Slawik*

Den Test kann jeder Pferdebesitzer eigenständig und ohne Tierarzt durchführen. Es ist nur bei den meisten Pferden etwas mühsam, eine Urinprobe zu bekommen.

KPU-THERAPIE – KOMPLEXER, ALS MAN DENKT

Der erste und wichtigste Schritt in der KPU-Therapie ist es, die Fütterung auf eine artgerechte Ernährung umzustellen. Ohne eine 24/7-Heufütterung mit pferdegerechtem Heu – spät geerntet, artenreich, mit niedrigen Nährwerten, vor allem niedrigen Zuckerwerten – ist eine Normalisierung des Dickdarms nicht möglich. Solange ein Pferd weiterhin Raufutterpausen und damit Stress hat, solange weiterhin Heulage gefüttert wird (auch „nur gelegentlich") oder Strukturhäcksel im Trog landen, so lange braucht man mit der aufwendigen KPU-Therapie nicht anzufangen, weil keine nachhaltige Besserung erzielt werden kann.

Für die weitere Therapie sollte man sich unbedingt kompetente Hilfe an die Seite holen. Denn insbesondere bei Pferden, bei denen die KPU schon weiter fortgeschritten ist, besteht immer das Risiko, dass man mit einer gut gemeinten, aber für dieses Pferd leider falsch aufgesetzten Therapie eine starke Verschlechterung des Zustands bis hin zu einer Kolik oder einer Hufrehe auslösen kann. Dasselbe gilt für „Therapierezepte", wie sie in sozialen Medien zirkulieren. Nicht ohne Grund hat KPU ein so breites Symptombild. Jeder Stoffwechsel reagiert anders auf die Herausforderung, deshalb muss auch die Therapie immer individuell an das Pferd und seine Probleme angepasst werden. Sonst kann das unschöne Effekte auf die Gesundheit des Pferdes haben.

FAZIT

- Es gibt bisher keinerlei Forschung zur KPU beim Pferd.
- KPU beim Pferd ist nicht dasselbe wie KPU beim Menschen.
- Sehr viele Pferde leiden unter einer Stoffwechselstörung, die mit einer gestörten Entgiftungsfähigkeit einhergeht, die sich mit der Substitution von Mikronährstoffen bessert (und damit vergleichbar ist mit KPU/HPU beim Menschen).
- KPU beim Pferd beginnt im Dickdarm, deshalb muss auch hier die Therapie ansetzen, um langfristig Erfolg zu haben.

→ Symptome, die auf KPU beim Pferd hinweisen können

- Darmprobleme wie Kotwasser, Blähungen, Durchfall, wiederholte Koliken
- Chronische Hautprobleme wie (Sommer-)Ekzem, Mauke, Raspe, Nesselfieberschübe, Anfälligkeit für Ektoparasiten oder Hautinfekte (Hauptpilz, Haarlinge, Warzen/Sarkoide)
- Chronische Hufprobleme wie Hufrehe, Strahlfäule, schlechte Hornbildung/-qualität, White Line Disease, Abszesse
- Chronische Atemwegsprobleme wie „Heustaub-allergie", echter allergischer Husten, therapieresistente Atemwegsinfekte
- Stoffwechselentgleisungen wie (Pseudo-)EMS oder Pseudo-Cushing, Übergewicht, das nicht auf „Diät" anspricht
- Frühmarker für Leber- und/oder Nierenprobleme wie Stichelhaare, „braune Rappen", „Leberstreifen", Augenprobleme, Probleme mit dem Fellwechsel, angelaufene Beine, Lympheinlagerungen an der Flanke, Schlauchtasche oder vor dem Euter, fester, geschwollener Halskamm

Dr. Christina Fritz studierte Biologie mit anschließender Promotion. Nach vielen Aus- und Weiterbildungen im alternativtherapeutischen Bereich führt sie seit über zehn Jahren eine Praxis für integrierte Pferdetherapie. Darüber hinaus ist sie Fütterungsexpertin und hält Vorträge, Fortbildungen und Webinare über artgerechte Pferdefütterung und -haltung. Sie ist Autorin mehrerer Fachbücher wie „Zivilisationskrankheiten bei Pferden" und „Kinesiologie am Pferd" und betreibt die Gesundheitswebsite wissen.sanoanimal.de.
www.christinafritz.de

Sommerekzem & Co

Rasche Hilfe bei Juckreiz und Hautirritationen

von Andrea Kargerer

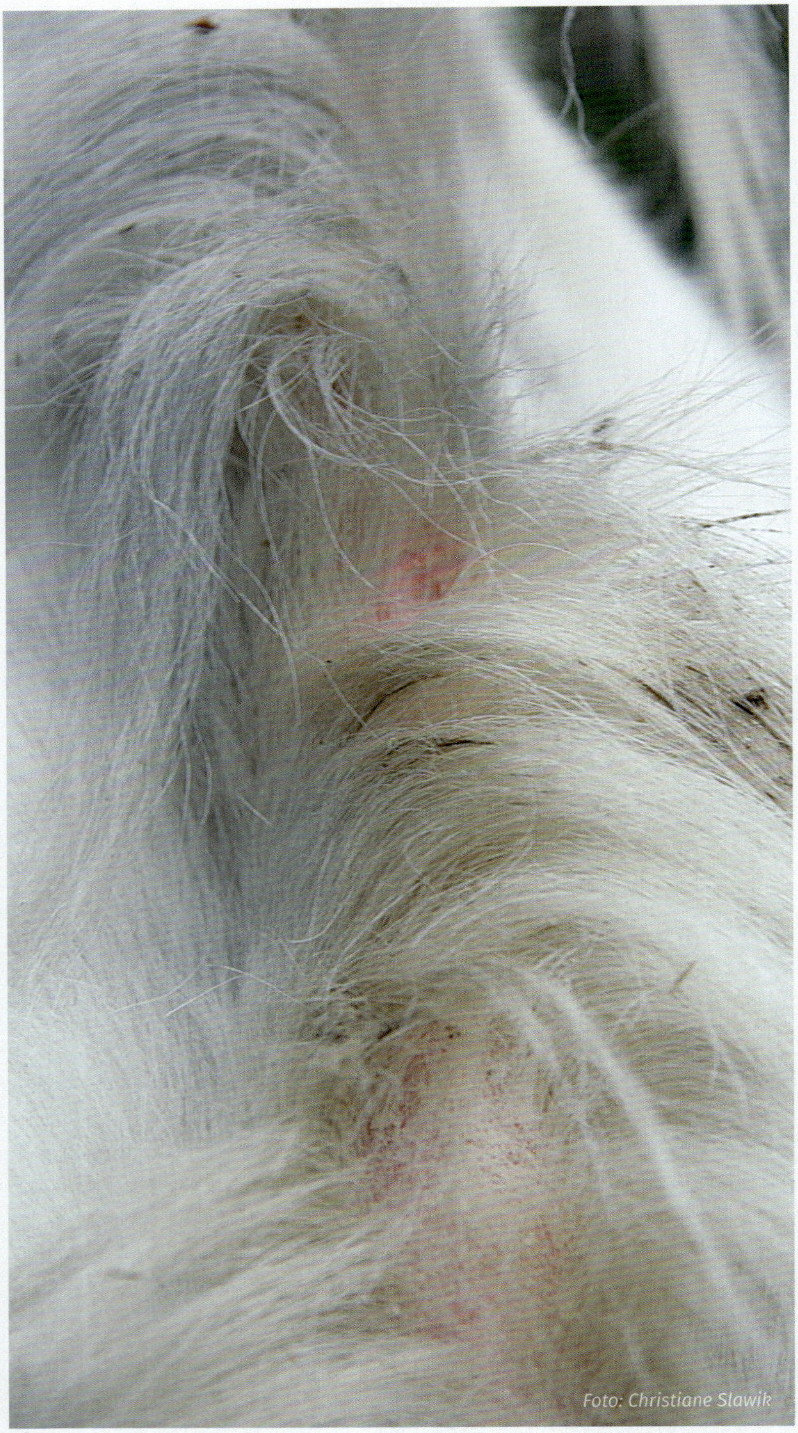
Foto: Christiane Slawik

Frühlingshafte Temperaturen und warme Sommertage sind für Besitzer von Pferden, die an Ekzemen und Allergien leiden, oft kein Grund zur Freude. Seit Jahren beobachtet man eine Zunahme des Sommerekzems unter allen Pferderassen und damit eine Diagnose, die den meisten Besitzern große Sorge bereitet und oft jahrelanges Leid für die Pferde bedeutet. Die Gabe von Antibiotika und/oder Cortison führt nur zu einer kurzfristigen Erleichterung, da im Wesentlichen der Juckreiz unterdrückt wird. Bei Beendung der Kur kehren die Symptome jedoch meist wieder zurück, manchmal noch intensiver als vorher. Wie ist das möglich und welche Zusammenhänge spielen dabei eine wichtige Rolle?

Die Entstehung des Sommerekzems wird häufig ausschließlich mit einer Überempfindlichkeitsreaktion des Immunsystems des Pferdes erklärt. Der Speichel von stechmückenartigen Insekten wie Gnitzen (Culicoides), Kriebelmücken (Simulium), aber mitunter auch Bremsen (Tabanus) enthält spezielle Proteine (Antigene) und kann eine allergische Reaktion auslösen. Der Pferdekörper reagiert dabei mit Antikörpern und versucht somit, die Antigene zu bekämpfen – es kommt zu einer Immunreaktion. Ist die Immunantwort sehr heftig, spricht man von einer Überempfindlichkeitsreaktion – Juckreiz, Hautirritation beziehungsweise Entzündungen sind das Ergebnis. Die bedeutende Frage dabei ist: Warum entwickeln manche Pferde eine Allergie gegen Insektenstiche und andere haben keine Probleme damit?

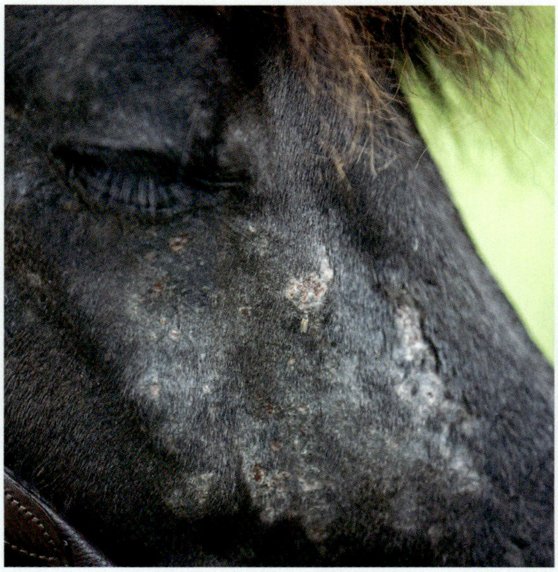

Der allergisch bedingte Juckreiz kann zu massivem Scheuern und Verletzung der Haut und des Haarkleids führen. *Foto: Christiane Slawik*

Fakt ist, dass sich die Überempfindlichkeit im Lauf der Zeit immer weiter aufbaut. Deshalb ist es durchaus möglich, dass ein Pferd jahrelang keine Hautprobleme hat, bevor es zu einer allergischen Reaktion kommt. Darüber hinaus beobachten viele Pferdehalter, dass die Ausprägung des Ekzems von Jahr zu Jahr variiert, was auf verschiedene tiefer liegende Ursachen schließen lässt.

Ekzem und Zellstoffwechsel

Aus den gesammelten Fakten und Erfahrungen der letzten Jahre ist klar zu erkennen, dass die (Über-) Reaktion des Immunsystems eine Folgeerscheinung eines aus dem Gleichgewicht geratenen Zellstoffwechsels ist. Die Bereitschaft, eine Allergie zu entwickeln, mag teilweise genetisch begünstigt sein, ist aber allzu oft stoffwechselbedingt. Es lohnt sich daher, die Grundlagen des Stoffwechsels genauer zu betrachten, um den wahren Ursachen des Sommerekzems auf die Spur zu kommen. Im Stoffwechsel des Pferdes – sowie auch beim Menschen – laufen permanent Billionen von chemischen Prozessen in allen Zellen. Es gibt aufbauende, erneuernde und abbauende, reinigende Prozesse. Für einen gesunden Stoffwechsel und einen reibungslosen Ablauf aller Körperprozesse, zu denen auch die Entsorgung von Abfallstoffen gehört, sind die Zellen auf die Versorgung mit essenziellen Nährstoffen angewiesen.

Die Zusammenhänge verstehen – Darm, Leber, Niere, Haut

Der Körper des Pferdes ist ein System, in dem ein Rädchen ins andere greift, ein Organsystem mit

Ekzemerdecken sind in Zeiten starker Fliegenbelastung sinnvoll und sind temporär eine wirkungsvolle Unterstützung, die Ursachen beseitigen können sie jedoch nicht. *Foto: Christiane Slawik*

dem anderen kommuniziert und jede Zelle im Austausch mit allen anderen ist. Hängt ein Rädchen – ein Organsystem –, dreht es sich nicht mehr schnell genug oder fällt es ganz aus, kann das den gesamten Organismus beeinflussen.

So können zum Beispiel stoffwechselbelastende Faktoren die Entgiftungsorgane des Pferdes – zu denen der Darm, die Leber, die Nieren und die Haut gehören – überfordern. Abfallstoffe (Toxine) entstehen einerseits im körpereigenen Abbauprozess von Nährstoffen, werden aber auch von außen aufgenommen. Der Pferdekörper ist täglich einer Vielzahl von endogenen und ektogenen Stoffen ausgesetzt.

Besonders die Leber spielt eine große Rolle bei der Ausleitung von Toxinen und Stoffwechselabfallprodukten. Dazu gehören nicht nur zu viel Eiweiß und Zucker aus Weidegras, sondern auch – oft unwissentlich – zugeführte Zusatzstoffe aus diversen Futtermitteln (Konservierungsstoffe, Bindemittel, künstliche Aromen) sowie Mykotoxine, die von Schimmelpilzen gebildet werden. Darüber hinaus schützt die Leber durch ihre Arbeit das Immunsystem des Pferdes. Ihre Bedeutung für ein allergisches Geschehen wird oft nicht wahrgenommen oder unterschätzt, vor allem, weil sich eine Entgleisung der Leberwerte im Blutbild viel zu spät zeigt.

Mykotoxine im Pferdefutter

Schimmelpilze bilden zu ihrem eigenen Schutz sogenannte Mykotoxine (= Stoffwechselprodukte vom Schimmelpilz) und stehen laut Studien im Zusammenhang mit Sommerekzem, Hautausschlägen und vielen anderen Symptomen. Untersuchungen bestätigen wiederholt Mykotoxine im Pferdefutter. Insbesondere nach einem feuchten Sommer schwindet die Qualität von Heu, Stroh und Getreide. Dabei ist wichtig zu wissen, dass selbst das beste Heu, zum optimalen Zeitpunkt geerntet, eine Besiedelung von Schimmelsporen aufweist, das ist ein unvermeidbarer natürlicher Vorgang.

Die Niere gilt als besonders wichtiges Organ. Sie übernimmt nicht nur die Ausscheidung von wasserlöslichen Abfallstoffen, sondern spielt eine große Rolle bei der Regulation des Säure-Basen-Gleichgewichts, dem Mineral- und Wasserhaushalt und dem Blutdruck. Leichte Nierenschwäche ist schwierig zu diagnostizieren, kann aber den Gesundheitszustand des Pferdes bereits erheblich belasten. Mangelnde Vitalität, stark verspannte Muskulatur, Wassereinlagerungen, aber auch ungewöhnliche Schreckhaftigkeit können Hinweise darauf sein. Auch das Auftreten von Ekzemen wird neben einer Leberentgiftungsstörung im Zusammenhang mit einer Nierenschwäche gesehen.

Experten haben durch Futtermittelproben ermittelt, dass 25 Prozent des Getreides in Deutschland und Österreich mit Mykotoxinen kontaminiert sind. *Foto: Christiane Slawik*

Studie zum Thema Mykotoxinbelastung

Schimmelpilzgifte können nicht nur bei schlechter Heuqualität vorkommen, sondern auch im Weidegras und im Mischfutter für Pferde. Mykotoxine, mit dem Futter aufgenommen, beeinflussen das Hormon- und Nervensystem und wirken somit auf die Immunabwehr und die Leistungsbereitschaft.

Die Studie zur Doktorarbeit von Tierärztin Kristina Liesener stellt die Thematik der Mykotoxinbelastung eindeutig dar. Das Ergebnis der Studie zeigt auf, dass in den meisten Fällen noch keine akute Gesundheitsgefahr ausgeht, jedoch weist sie auf den gesundheitsbelastenden Langzeiteffekt durch die Mykotoxine hin. (Quelle: „Untersuchungen zum Nachweis und zum Vorkommen von Mykotoxinen in Futtermitteln für Pferde")

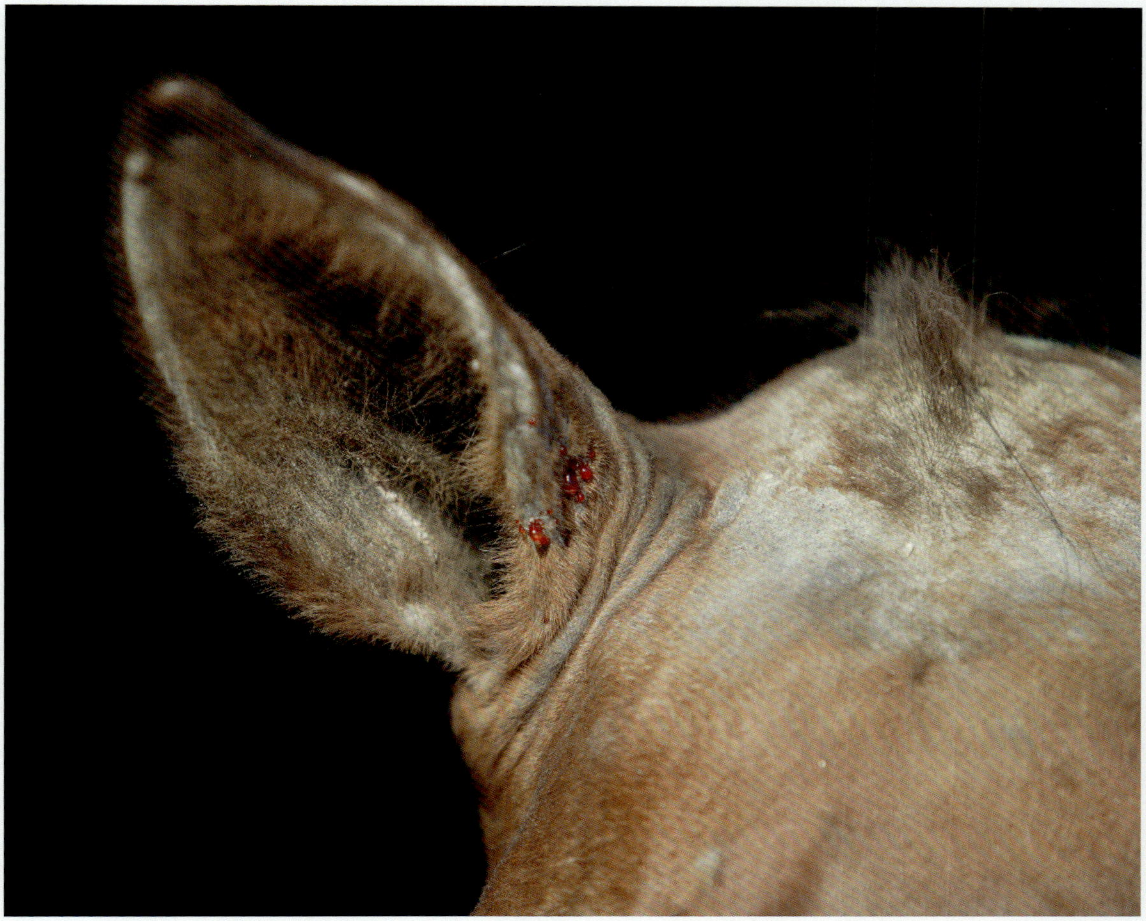

Ist die Hautschutzschicht des Pferdes durch Scheuern verletzt, haben Bakterien, Viren und Parasiten ein leichtes Spiel und können zu immer tiefer gehenden Entzündungen im Körper führen. Hier ist es wichtig, einen wirksamen natürlichen Schutz gegen schädliche Einflüsse von außen zu verwenden und gleichzeitig die Mikroorganismen der Haut zu erneuern. *Foto: Christiane Slawik*

Entgiftung über die Haut – die Haut als Unterstützung für die Niere

Wenn die Niere in ihrer Funktion als Ausscheidungsorgan überlastet ist, übernehmen die Schweißdrüsen der Haut, die einen ähnlichen Mechanismus haben wie die Nierenkanälchen, die Funktion und transportieren Abfallstoffe an die Oberfläche. Da die Mikroorganismen der Haut (= Mikrobiom) durch die Abfallstoffe irritiert und aus dem Gleichgewicht gebracht werden, können Juckreiz und Entzündungsreaktionen die Folge sein.

Kommen zu den Mikroverletzungen der Hautschutzschicht Bakterien, Pilze oder der Speichel von Insekten, entsteht eine Folge an Abwehrreaktionen des Immunsystems und Stoffwechsels. Finden diese Prozesse chronisch über einen längeren Zeitraum statt, braucht der Körper des Pferdes sehr viel Energie, um die täglichen Stoffwechselprozesse aufrechtzuerhalten – Leistungsbereitschaft kann zum Thema werden.

Haut und Stress – welche Rolle spielt die Milz?

Die Milz ist das größte Organ des lymphatischen Systems und produziert als Teil des Immunsystems weiße Blutkörperchen. Das Lymphsystem zieht sich über Hunderte Kilometer durch den gesamten Körper des Pferdes und ist so in der Lage, Lymphozyten auf Patrouille zu senden, um Bakterien und Viren frühzeitig zu erkennen und außer Gefecht zu setzen. Die Milz hat daher eine zentrale Rolle im Immunsystem. Sie reagiert aber empfindlich auf Stress. Die meisten Erkrankungen des Stoffwechsels beruhen auf einem aus der Balance geratenen Rhythmus – einer Entgleisung der Prozesse im Inneren des Körpers.

Ausreichend Pausen und stressfreie Nahrungsaufnahme sind eine wichtige Voraussetzung, damit die Milz ihre Funktion erfüllen kann. Dazu gehört interessanterweise auch die Produktion des Glückshormons Serotonin. An dieser Stelle ist es auch wichtig, die Haut als größtes Kontaktorgan

Begleiterscheinungen des Sommerekzems können Kotwasser, mangelnde Leistungsbereitschaft, Abgeschlagenheit und andere stoffwechselbedingte Erkrankungen sein. *Foto: Christiane Slawik*

mit der Außenwelt zu erkennen, sie kann unter anderem viel über die Verbindung von innen nach außen aussagen. Hier ist es wichtig, die Verbindung Mensch – Pferd zu betrachten. Sehr oft konnte ich beobachten, dass sich der Gesundheitszustand eines Pferdes allein dadurch verbessert, dass die Besitzer achtsam auf das Pferd zugehen und den Stress vom Alltag vor der Begegnung hinter sich lassen. Das Mindset zu ändern, bewirkt manchmal wahre Wunder, denn von „Nach der Arbeit noch schnell zum Pferd?" zu „Was ist heute alles möglich?" ist es nur ein kleiner Schritt des Umdenkens. Offenheit für neue Möglichkeiten lassen die Angst vor Sommerekzem schwinden.

Was verbindet die Haut und das Fell mit dem Darm und den Gelenken?

Eine überraschende Frage, wenn es um Hautprobleme geht; bei genauer Betrachtung gibt es aber wesentliche Zusammenhänge. Schutz von außen: Untersuchungen zeigen, dass die Darmflora direkt die Zusammensetzung des Mikrobioms der Haut beeinflusst. Dieser Hautschutzmantel aus Mikroorganismen spielt eine entscheidende Rolle bei der Abwehr von schädigenden Einflüssen auf die Haut. Das Mikrobiom der Haut steht also in enger Verbindung zum Mikrobiom des Darms. Je gesünder und vielfältiger das Mikrobiom des Pferdedarms, desto besser ist auch die Haut geschützt und kann ihre vielfältigen Aufgaben erfüllen.

Die Stabilität von innen bekommt die Haut durch eine optimale Versorgung des gesamten Organismus mit ausreichend Nährstoffen. Ein interessanter Zusammenhang: Die Nährstoffe, die wichtig sind, um unsere Gelenke fit und funktionsfähig zu halten, sind auch wichtig für die Haut. Kommt es zur Unterversorgung, leiden beide, der Bewegungsapparat und der Schutzschild der Haut. Gesunde Haut braucht also Schutz von außen und Stabilität in Form von Nährstoffen von innen. Das Mikrobiom der Haut ist eng verbunden mit dem Mikrobiom des Darms. Es hat Einfluss auf:

- äußere Reize und ob sie die Haut schädigen können,
- das Hautbild und wie stark es von Unverträglichkeiten und Allergien beeinflusst werden kann,
- die Fähigkeit der Haut, Feuchtigkeit zu speichern – Hauttrockenheit spielt eine große Rolle bei Ekzemen.

Als größtes Organ, das in direktem Kontakt zur Außenwelt steht, ist die Haut besonders empfindlich. Sie kann von innen heraus erkranken oder als Reaktion auf äußere Einflüsse. Damit die Haut gesund bleibt oder werden kann, braucht sie Schutz von außen und Stabilität von innen. *Foto: Christiane Slawik*

Die wichtigsten Funktionen der Haut

- Schutz vor Krankheitserregern (Hornschicht, Säuremantel)
- Sinneswahrnehmung
- mechanische Schutzfunktion der Haut (Hornhaut und Lederhaut)
- Temperaturausgleich (Blutgefäße, Unterhautfettgewebe, Schweißdrüsen)
- Energiespeicher

Innere und äußere Unterstützung

Was können wir dazu beitragen, damit sich Pferde wieder wohlfühlen in ihrer Haut? Die Erkenntnisse und Erfahrungen zeigen, dass die Immunreaktion eine Folgeerscheinung ist und das Sommerekzem ein multifaktorielles Krankheitsbild darstellt. Juckreiz, Hautirritationen, Ekzeme kommen von innen und deuten auf Stoffwechselstörungen hin. Sie werden – wie besprochen – durch äußere Faktoren zum Teil ausgelöst oder verschlimmert. Die Haut sollte auf alle Fälle mittels reiner, hochwertiger Naturprodukte gepflegt und geschützt werden, damit sich die verletzte Hautschutzschicht wieder regenerieren kann. Das Sommerekzem ist jedoch grundsätzlich als Symptom für Nährstoffmangel, toxische Belastung des Stoffwechsels und Stress zu sehen.

Zellnahrung für Pferde

Der tägliche Nährstoffbedarf jedes Lebewesens sollte durch die Ernährung abgedeckt sein. Das klingt einfach, scheint aber eine große Kunst zu sein. Wenn man sich zum Thema Nährstoffe Wissen aneignet und in diversen Expertenkreisen darüber informiert, ist es nicht ungewöhnlich, dass manch einer den Überblick und den Glauben an die Bedeutung der Nährstoffe verliert. Es wird zum Beispiel empfohlen, dass ein Juckreiz, der durch Zinkmangel hervorgerufen werden kann, eine Unterstützung mit Zink unbedingt erforderlich macht. Das ist nachvollziehbar, jedoch ist Zinkmangel meist nur die Spitze des Eisbergs. Dementsprechend ist es nur ein Faktor, der im Blutbild ersichtlich ist. Zielführender und nachhaltiger kann man unterstützen, indem man erkennt, dass ein gesamtes Portfolio an Mineralien und Spurenelementen notwendig ist, um die Haut bis in die Tiefe zu regenerieren. Dabei ist das Thema Bioverfügbarkeit enorm wichtig, also ob und in welcher Form die einzelnen Nährstoffe von den Zellen aufgenommen und verwertet werden können.

Mineralstoffe sollten gezielt und nicht im Übermaß gegeben werden. In einer Mineralstoffmischung sollten das Mischverhältnis und die Zusammensetzung auf die Bedürfnisse des einzelnen Pferdes abgestimmt sein. *Foto: Christiane Slawik*

Die Komplexität bei der Gabe von einzelnen Nährstoffen oder Nährstoffverbindungen und deren Synergieeffekte zeigt sich zum Beispiel anhand von Magnesium. Magnesium ist an über 300 Stoffwechselprozessen beteiligt und hat eine sehr wichtige Funktion in der Energiebereitstellung. Gibt man dem Pferd ein All-in-one-Mineralstoffgemisch mit anorganischen Calciumverbindungen, kann dies die Aufnahme von Magnesium blockieren.

Entgiftung, Entschlackung, Detox – was passiert dabei im Körper?

Entgiftung bedeutet für den Körper komplexe biochemische Prozesse und benötigt nicht nur eine intakte Funktion der Ausscheidungsorgane, wie Darm, Leber und Niere. Darüber hinaus erfordern Entgiftungsprozesse vor allem eine große Anzahl an Nährstoffen, B-Vitamine, Zink, Selen, Mangan und so weiter, damit es zu keinen Vergiftungserscheinungen kommt. Die ausschließliche Anregung der Entgiftungsorgane durch spezielle Kräutermischungen kann an dieser Stelle nicht empfohlen werden, solange der Nährstoffbedarf nicht ausgeglichen ist.

Der Einsatz von giftstoffbindenden Substanzen wie Zeolith, Bentonit und Kieselgur sollte mit Vorsicht erfolgen. Wenn diese eingesetzt werden, dann nur kurzfristig und mit Bedacht auf die Tatsache, dass auch Spurenelemente mitgebunden und ausgeschieden werden.

Die Natur hat die Lösung

Die Erfahrung der letzten Jahre bei zahlreichen Pferden mit Sommerekzem hat gezeigt, dass optimale Ergebnisse mit reinen Schätzen aus der Natur erzielt werden können. Eine spezielle Kombination aus Spirulina, Dulse- und Gerstengrassaft-, Aronia- und Wildheidelbeerpulver hat sich als ein wahrer Meister der Entgiftung und Nährstoffversorgung gezeigt. Die ideale Synergie und Kombination, um Giftstoffe zu mobilisieren, zu bündeln, auszuscheiden und darüber hinaus den Körper mit wertvollen Nährstoffen wie Vitaminen, Mineralstoffen, Spurenelementen und Antioxidantien zu versorgen. Durch die hohe Bioverfügbarkeit aus der natürlichen Zusammensetzung können die Vitalstoffe direkt in die Zellen gelangen und somit zur Regeneration beitragen. Die gesunde Funktion der Nieren und der Leber wird unterstützt und Sauerstoff mittels des natürlichen Chlorophyllgehalts in die Zellen transportiert. Energie pur und Kraft, um den Gesamtorganismus Pferd optimal von innen zu unterstützen.

Fazit

Zusammengefasst kann man sagen, dass jede isolierte Betrachtung einzelner Aspekte zum Thema Sommerekzem an den wahren Bedürfnissen des Pferdekörpers vorbeigeht. Zu nachhaltiger Verbesserung und für eine langfristig gesunde, schöne Haut ist es essenziell, die notwendigen Entgiftungsprozesse in Kombination mit Nährstoffzufuhr einzuleiten. Es braucht ein vollständiges und ganzheitliches Verständnis für die Funktionen und Abläufe im Pferdekörper – dann ist, wie die Erfahrung zeigt, sogar eine vollständige Regeneration möglich.

Andrea Kagerer hat im Zuge jahrelanger Erfahrung mit Organscreenings die Zusammenhänge im Stoffwechsel des Pferdes erforscht und sich besonders dem Thema Haut gewidmet. Sie hat das 2-Stufen-Entgiftungsprogramm entwickelt. Darüber hinaus hat sie sich der Entwicklung einer Kräuteremulsion und Kräuterseife speziell für Pferde mit Ekzem gewidmet. Sie hat zahlreiche Pferde mit Sommerekzem erfolgreich unterstützt und gibt regelmäßig Online-Vorträge zum Thema: Die Haut – Spiegel der Gesundheit – Warum Hautirritationen, Ekzeme, Juckreiz nicht nur HAUT-sache sind und Zeig mir deine Haut und ich sage dir, wie es dir geht.
www.animalandhealth.com

*Die **Frühlingssonne** wärmt meinen Körper*
und lässt Energien wieder fließen.
*Lass uns **gemeinsam***
*diese **erwachende Lebenskraft genießen.***

Foto: Christiane Slowik

Die Form folgt der Funktion

Pferdeausbildung als Entwicklungsreise

von Silja Schießwohl

Foto: Miriam Balija

„Der Kopf muss runter." „Die Nase muss an die Senkrechte." Oder: „Das Pferd muss jetzt durchs Genick gehen!" – Formulierungen wie diese kennen wir alle. Doch was machen sie mit uns beim Reiten? Inwiefern beeinflussen sie, wie wir einwirken, und vor allem: Was bedeutet das für unseren vierbeinigen Partner Pferd, wenn eine derartige „Formfixierung" stattfindet?

Heutzutage sehen wir oft „Schablonenreiterei". Da wird das Pferd mit harter Hand „durchs Genick" geritten, die Nase dabei meist hinter der Senkrechten, das Genick schon längst nicht mehr höchster Punkt. Doch diese Formfixierung bringt weder ein durchlässiges noch ein gesundes Reitpferd hervor. Gesunderhaltendes Reiten sieht anders aus: Denn hier folgt die Form der Funktion, auch wenn wir die Form als Zielzustand im Hinterkopf behalten sollten.

Der „Durchs-Genick-geh-Druck" und dessen Folgen

Eine der Hauptursachen dafür, dass Reiter bereits ab der ersten Ausbildungsstufe ständig darauf pochen, das Pferd in eine bestimmte Form zu bringen, ist wohl die Entwicklung, dass das Pferd direkt und permanent durchs Genick gehen muss. Das Wissen darum, dass eine Remonte (Jungpferd in der ersten Ausbildungsphase) das noch gar nicht leisten kann und auch noch nicht leisten sollte, ist verloren gegangen.

Es kann immer mal passieren, dass das Pferd hinter oder über dem Zügel geht. Dennoch darf dies nicht als Zielbild dienen. *Foto: Miriam Balija*

Bereits die Formulierung des „Durchs-Genick-Gehens" ist irreführend. Denn es impliziert, dass es für die korrekte Haltung des Reitpferdes darauf ankommt, dass das Pferd im Genick nachgibt. Dies führt dazu, dass sich viele Reiter lediglich auf die Kopf-Hals-Position ihres Pferdes konzentrieren. Was dabei allerdings vergessen wird, ist, dass die wichtigsten Teile es Pferdekörpers unter ihnen liegen: Hinterhand und Rücken. Vielleicht liegt es daran, dass man genau diese Körperregionen beim Reiten nicht sehen kann, sodass die Kopf-Hals-Haltung zum ständigen Maßstab für vermeintlich gutes Reiten gemacht wird. Diese Entwicklung der modernen Reiterei ist nicht nur fehlerhaft im Sinne der klassischen Lehre, sondern auch gesundheitsschädlich fürs Pferd. Denn wenn das Pferd tagein, tagaus mit einem falschen Knick und der Nase hinter der Senkrechten läuft, ist Verschleiß vorprogrammiert.

Wo ist die Akzeptanz für die Remontehaltung hin?

Die Schablone, die Form von einem am Zügel gehenden Pferd, wird bereits auf das Jungpferd angewendet. Doch was dabei vergessen wird, ist, dass diese Kopf-Hals-Position das Ergebnis von monatelanger Vorarbeit ist, in der das Pferd gelernt hat, zwanglos unter dem Reiter zu gehen und im nächsten Schritt ein losgelassenes Muskelspiel zu entwickeln. Zunächst darf das junge Pferd seinen Hals als Balancierstange benutzen, der Reiter darauf bedacht, es so wenig wie möglich zu stören. Das bedeutet, dass in dieser Ausbildungsphase die Kopf-Hals-Position nicht beeinflusst wird. Das Pferd geht hier noch nicht am Zügel, und das ist auch richtig so. Wer die Schablone von einem am Zügel gehenden Pferd direkt auf ein Jungpferd anwendet, produziert bereits in dieser Phase erste Fehler, die einer späteren Korrektur bedürfen. Wir müssen uns demnach vom „Durchs-Genick-geh-Druck" lösen und verstehen, dass eine Remonte etwas anderes ist als ein ausgebildetes Pferd.

Bereits im oben dargestellten Beispiel des Jungpferdes wird klar, dass Pferdeausbildung nicht mit einem Fingerschnippen funktioniert, sondern dass es sich um eine Entwicklungsreise handelt. Die Kopf-Hals-Position verändert sich im Lauf der Ausbildung von selbst: Denn wenn die Vorarbeit stimmt, fällt einem der nächste Ausbildungsschritt in den Schoß. Einfach, weil das Pferd gut vorbereitet ist und sich die nächste Stufe auf ganz natürliche Weise aus der vorherigen entwickelt.

Die Vorbereitung an der Longe hilft dabei, eine reelle Kopf-Hals-Haltung zu etablieren. *Foto: Miriam Balija*

Die erste Ausbildungsphase: der lang gestreckte Hals

Zu Beginn muss das Pferd lernen, die negative Anspannung im Rücken loszulassen und mit langer Oberlinie und gestrecktem Hals zu laufen. Das kann bereits an der Longe erarbeitet werden. Aus dem lang gestreckten Hals entwickelt sich dann das Fallenlassen des Halses in Richtung vorwärts-abwärts. Auch wenn diese Kopf-Hals-Haltung heutzutage durch verschiedene Reitweisen immer wieder sehr umstritten ist, so ist sie in der Logik der klassischen Lehre als Reiten in die Tiefe ein nicht wegzudenkender Bestandteil der Grundausbildung. Anstatt sich also von Anfang an an der Form eines am Zügel gehenden Pferdes zu orientieren, ist es nur im Sinne des Pferdes, zu Beginn die zwanglose lange Oberlinie bei lockerem Unterhals anzustreben. Die äußere Form eines so unter dem Reiter oder an der Longe laufenden Pferdes sieht ganz anders aus als das „fertige" Reitpferd – aber genau darauf kommt es ja an. Die Form folgt der Funktion – nämlich dem jeweiligen Ausbildungsschritt und dem, was Hinterhand und Rücken aktuell zu leisten imstande sind.

In der ersten Phase lernt das Pferd, den Rücken loszulassen und den Hals fallen zu lassen. *Foto: Miriam Balija*

Reelle Anlehnung und relative Aufrichtung

Im nächsten Ausbildungsschritt kann durch vermehrtes Vortreiben und Schub eine reelle Anlehnung entwickelt werden. Nun wirkt das Pferd bereits etwas geschlossener, auch wenn der Hals immer noch verhältnismäßig lang und tief ist. Wenn das Pferd mehr und mehr Kraft in der Hinterhand entwickelt hat und dabei dennoch der losgelassene Rücken erhalten bleibt, kann sich das Pferd mehr aufrichten. In kurzen Phasen kann nun in Arbeitshaltung geritten werden: Der Hals steigt nun aus dem Widerrist nach oben bis zwischen die Ohren an, das Genick ist entsprechend der höchste Punkt, die Nase ist vor der Senkrechten. Der Unterhals ist weiterhin entspannt. Diese erste relative Aufrichtung sieht bei jedem Pferd ein bisschen anders aus, denn das Exterieur bestimmt den möglichen Grad an relativer Aufrichtung, die relativ zu dem ist, was die Hinterhand zu leisten vermag.

Nun befinden wir uns also an dem Punkt in der Ausbildung, an dem sich die Form des Pferdes das erste Mal dem in den Köpfen vieler Reiter gängigen Bild nähert. Es wird transparent: Bis das Pferd-Reiter-Paar an diesem Punkt ist, können je nach Können und Geschick des Reiters und je nach Pferd einige Monate vergehen. Bei einem Jungpferd muss deutlich vorsichtiger vorgegangen werden, doch auch bei einem Korrekturpferd, das

Nachdem das Pferd Zwanglosigkeit und Losgelassenheit entwickelt hat, kann es in kurzen Phasen in reeller Arbeitshaltung geritten werden. *Foto: Miriam Balija*

nun reell ausgebildet werden soll, dauert dieser Prozess seine Zeit.

Rahmenerweiterung und Selbsthaltung

Soll die Reise daraufhin noch weiter gehen, so verändert sich die Form des Pferdes stetig. Durch vermehrte Schwung- und Schubentwicklung, etwa durch das Tritteverlängern, wird sich zunächst eine Rahmenerweiterung einstellen. Der Reiter muss zulassen, dass die Nase etwas weiter vorkommen darf, da sich der Raumgriff vergrößert. Soll der hier erarbeitete Schwung dann mit in die versammelten Gänge genommen werden, wird sich die Form erneut weiterentwickeln: Durch die verkürzten Tritte und das Mehr an Beugung und Lastaufnahme der Hinterhand wird sich die Nase immer mehr der Senkrechten annähern (die Anlehnung wird immer leichter). Dennoch bleibt die Nase immer vor der Senkrechten.

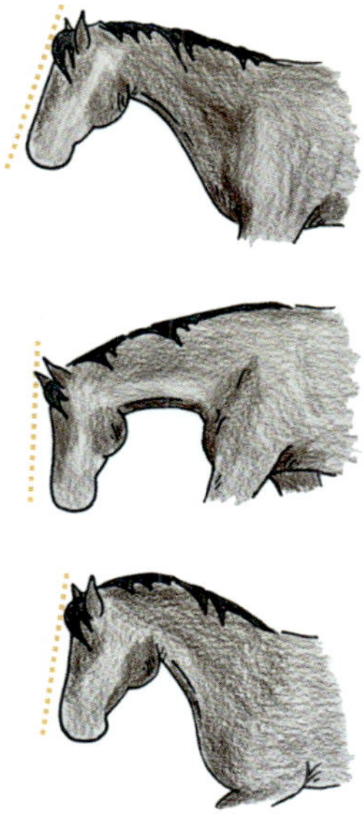

Die Kopf-Hals-Position verändert sich im Laufe der Ausbildung. Dabei soll die Nase dennoch immer vor der Senkrechte sein. *Illustration: Silja Schießwohl*

„Mein Pferd kann die Form noch nicht halten, deshalb ..."

„... darf es erst mal hinter der Senkrechten laufen." Sätze wie diesen höre ich immer wieder. Wichtig zu verstehen ist, dass es immer einmal (und auf jedem Ausbildungsniveau) passieren kann, dass das Pferd mit der Nase hinter die Senkrechte kommt. Denn genauso, wie es passieren kann, dass das Pferd über dem Zügel geht, so kann es auch passieren, dass es hinter den Zügel kommt. Das ist nicht schlimm, sondern ein ganz normaler Bestandteil der Entwicklungsreise. Das Pferd wird ja, wie bereits erwähnt, nicht auf Fingerschnippen die neue Haltung einnehmen, sondern sich langsam in dieser einfinden. Das bedeutet, es wird zunächst ein paar wenige Tritte dazu in der Lage sein, diese zu halten, und es wird sie anschließend auch wieder verlieren. Genau hier liegt die Verantwortung des Reiters. Denn dieser muss den jeweiligen Ausbildungsschritt so gestalten, dass er in kurzen Phasen beispielsweise die neue Arbeitshaltung fordert und anschließend wieder eine Pause in Dehnung ermöglicht. So gearbeitet, kann das Pferd die neue Haltung mit der Nase vor der Senkrechten immer länger leisten.

Dass die Nase dauerhaft hinter die Senkrechte kommt, liegt meist vor allem daran, dass entweder mit harter Hand geritten wurde, oder aber, dass der Ausbildungsschritt nicht systematisch und kleinschrittig erarbeitet wurde. Wer sein Pferd direkt zu Beginn Runde um Runde in relativer Aufrichtung reitet, muss sich nicht wundern, wenn dem Pferd dazu die Kraft fehlt und es sich hinter die Senkrechte entzieht.

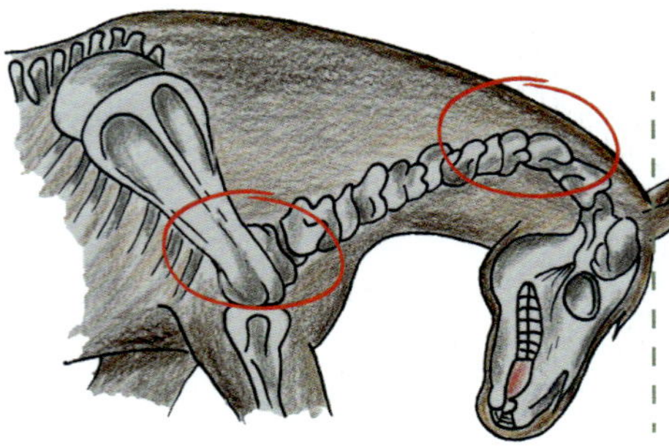

Das ist keine korrekte Dehnungshaltung. Auch in der Dehnung muss der „Zug nach vorne“ mit Nase vor der Senkrechte erhalten bleiben. *Illustration: Silja Schießwohl*

Die Form als Ziel im Hinterkopf

Wie wäre es mit der Form als Zielbild im Hinterkopf? Vermutlich liegt die „Schablonenreiterei“, orientiert an dem einzigen Bild des durchs Genick gehenden Pferdes, auch daran, dass die anderen Kopf-Hals-Haltungen nicht als solche gesehen werden. Demnach wäre der erste Lösungsansatz, dass diese in gleicher Form gelehrt werden. Dazu müssten insbesondere die ersten zwei Stufen der Skala der Ausbildung, also Takt und Losgelassenheit, wieder in ihrem eigentlichen Sinn verstanden (und vor allem nicht übersprungen!) werden. Grundsätzlich ist es kein Fehler, wenn wir das in Arbeitshaltung an den Hilfen stehende Pferd als Zielvorstellung im Hinterkopf haben. Denn das Wissen um das Ziel bestimmt bekanntlich den Weg, den wir einschlagen.

Wechselwirkung von Form und Funktion

Der Satz „Die Form folgt der Funktion“ wird teilweise auch etwas überinterpretiert. Er bedeutet nämlich andererseits nicht, dass wir das Pferd Runde um Runde und Monat für Monat über dem Zügel laufen lassen und das Zielbild des an den Hilfen stehenden Pferdes, mit nachgegebenem Genick und tätigem, also zufrieden kauendem Maul, keine Bedeutung hätte. Natürlich wollen wir das Pferd langfristig an die Hand heranreiten und an den Hilfen haben, und dazu gehört, dass das Pferd mit reeller Anlehnung „am Zügel“ geht. Doch genau das muss reell erarbeitet werden, und zwar (wie man typisch sagt) „von hinten nach vorn“.

Die Funktion (= Rittigkeit) wird sich mit Erreichen dieses Ziels enorm verbessern. Somit stehen Form und Funktion immer in einer Wechselwirkung. Der Satz „Die Form folgt der Funktion“ ist also ein schöner Leitsatz, der manipulativer, fummelnder Einwirkung an den Zügeln vorbeugen kann, jedoch sollte er keinesfalls dazu führen, die Form komplett hintenanzustellen. Nur ein Pferd, das an den Hilfen steht (was die bestimmte beschriebene Form mit sich bringt), kann in einen echten Bewegungsdialog mit dem Reiter treten.

Das isolierte Nachgeben im Genick als Gefahrenquelle

Die Fehlerquelle in der Wechselwirkung von Form und Funktion liegt oftmals in der Nachgiebigkeit des Genicks begründet. Denn ja, wir wollen ein Pferd, das sich vom Gebiss abstößt und weich kauend an der Hand steht – doch das ist eben ein Zustand, den wir zuvor reell erarbeitet haben müssen und den wir nicht durch die Hand erzeugen können. Das Nachgeben im Genick auf eine Zügeleinwirkung hin kann jedem Pferd schnell ankonditioniert werden. Der Unterschied zwischen reeller und manipulativer Ausbildung und Einwirkung fliegt bei der Betrachtung des gesamten Pferdekörpers und Ganges schnell auf. Während das Pferd, dem das Nachgeben im Genick ankonditioniert wurde, tendenziell hinter der Senkrechten geht, keinen schwingenden Rücken hat und Taktfehler oder eine schleppende Hinterhand zeigt, zeigt sich das reell gearbeitete Pferd mit dem Genick als höchstem Punkt, Nase vor der Senkrechten, aktiver Hinterhand, schwingendem Rücken und natürlich im Takt ohne Vorhandlastigkeit.

Knackpunkt Zügelhilfen

Ein weiterer Punkt, der die Sache mit der Form nicht einfacher macht, ist die Einwirkung am Zügel. Denn das Pferd muss durchaus im Lauf seiner Ausbildung lernen, dass es einem Mehr an Druck auf dem Gebiss nachgeben muss, statt diesem Widerstand zu leisten. Doch das Problem dabei ist, dass viele Reiter deshalb denken, der Zügel wäre dafür verantwortlich, diesen Druck durch aktive Einwirkung herzustellen und das Pferd so zum Nachgeben zu bringen. Das Ergebnis ist, dass dann mit den Händen manipuliert und gefummelt wird, bis der Kopf in der richtigen Position ist. Was dabei vergessen wird, ist, dass der vermehrte Druck am Gebiss durch die vortreibenden Hilfen entsteht. Der Reiter spürt also den vermehrten Schub der Hinterhand, der durch das Vortreiben ausgelöst wird, in der Hand. Hier gilt dann stets der Grundsatz: Der Schenkel löst das Pferd vom Zügel – nicht der Zügel

Der Gertentrick hilft dabei, eine ruhige Zügelführung zu entwickeln. *Foto: Miriam Balija*

löst das Pferd vom Zügel. Dafür muss die Hand des Reiters passiv abwartend sein.

Praxistipp: einhändig reiten und Gertentrick

Ob die Anlehnung reell erarbeitet wurde, kann leicht durch einhändiges Reiten überprüft werden. Es ist empfehlenswert, das einhändige Reiten in der Praxis immer wieder einzubauen. Denn wenn der Reiter einhändig unterwegs ist (zunächst an der Bande entlang auf gerader Linie), ist die Hand deutlich ruhiger. Das „Fummeln mit den Händen" ist so nicht mehr möglich, der Reiter gezwungen, reell aus dem Sitz heraus zu reiten und das reelle Abstoßen am Gebiss in erster Linie über den treibenden Schenkel herzustellen. Außerdem kann mit dem „Gertenrick" geritten werden. Dazu nimmt der Reiter die Gerte quer unter die Daumen, sodass beide Zügelfäuste miteinander verbunden sind. Da sich die Hände nun nicht mehr losgelöst voneinander bewegen können, wird die Zügelführung ruhiger.

Fazit

Form und Funktion stehen in einer wichtigen Wechselwirkung. Wir müssen wieder den Blick für die richtige Haltung zur entsprechenden Ausbildungsphase entwickeln – was bei all den negativen Beispielen leider gar nicht so einfach ist. Hilfreich ist es, das Zielbild stets im Hinterkopf zu haben und besonders im Rahmen der Grundausbildung mit Bildern der jeweiligen Etappenziele, wie oben beschrieben, zu arbeiten. Denn eine Orientierung an der Form in Kombination mit richtig verstandener Hilfengebung hilft dabei, in die richtige Richtung zu arbeiten. Dabei dürfen wir nicht den Fehler machen, das eigentliche Endzielbild zum Prozessbild zu machen, denn das wäre unfair gegenüber unserem Partner Pferd.

Denke daran: Diese (Zwischen-)Ziele erreichen wir zunächst nur phasenweise. Das Pferd wird sie einige Tritte zeigen und dann wieder verlieren, sodass wir erneut auf die Suche nach dem schönen Bewegungsgefühl gehen dürfen. Die schönen Phasen werden mit weiterer Ausbildung immer länger und konstanter werden – dieser Prozess ist absolut normal und Teil der Entwicklungsreise.

44 goldene Regeln für faires Reiten
Ausbalancierter Sitz, feine Hilfen, sinnvolle Gymnastizierung
von Silja Schießwohl

96 Seiten, 17 cm x 21 cm, farbige Abbildungen
ISBN: 978-3-95847-027-9
€ 19,90 (D)

Mehr dazu noch im Saddle-up-Podcast von Rideucation:
https://pod.link/1548810222/episode/0717bb1c589b428b4279ce771911ee34

Silja Schießwohl stellte fest, dass das Thema „Sitz und Hilfengebung" vielerorts zu kurz kommt und dass ambitionierte Freizeitreiter sich intensive Begleitung bei der Verbesserung ihrer Kommunikation mit ihrem Pferd wünschen, selbst wenn sie keinen geeigneten Reitlehrer vor Ort haben. Sie ist Host des Podcasts „Saddle Up" und hat darüber hinaus mit dem „Reiter-Kompass-Mentoring" eine umfangreiche Online-Begleitung geschaffen, in der jeder Teilnehmer individuell in den Themen Sitz, Hilfengebung und gymnastizierendes Reiten betreut wird. Auf ihrer Homepage findet man einen kostenlosen Sitz-Check zum Download.
www.rideucation.de

Reiten mit Pad

Pferdefreundliche Alternative zum Sattel?

von Kirsten Fleiser

Reitpads, auch Bareback-Pads oder Reitkissen genannt, erfreuen sich in der Reiterwelt immer größerer Beliebtheit. Trotz der Namensverwandtschaft mit einer Sattelunterlage sind sie die optimale Lösung für all jene, die weder direkt auf dem blanken Pferderücken noch in der festen Form eines Sattels reiten möchten. Reitpads schützen das Pferd vor den Sitzbeinhöckern des Reiters und umgekehrt diesen vor Haaren, Schweiß und den Dornfortsätzen des Tieres.

Gerd Römbke, Ausbilder mit Schwerpunkt Freiarbeit, brachte 2017 seine eigene Produktlinie mit Reitpads für unterschiedliche Ansprüche auf den Markt. Die Idee dazu entstand, als er noch Vertriebspartner für baumlose Sättel war und er Verbesserungsbedarf für vorhandene Reitpads sah. Er selbst ist minimalistisch auf einer Version aus Schaffell mit Robusthaut und Einlage ohne Gurt im Gelände unterwegs, und weil auf dem Markt nichts Adäquates zu finden war, entstand zunächst eine sehr einfache Version auf Basis von Neopren. Es folgten weitere Modelle mit mehr Polsterung, allerdings immer noch aus synthetischem Material.

Mittlerweile produziert er in erster Linie Reitpads aus natürlichen Materialien wie Wollfilz und Rindsleder. Galerien und Pauschen sorgen dabei für mehr Halt, und die Wahl zwischen Matt- oder Rauleder hängt von der gewünschten Haftung ab.

Einige Eigenschaften sind typisch für Reitpads und unterscheiden diese von Sätteln. Die Abgrenzung zu baumlosen Sätteln ist dabei fließend. Die Tabelle gibt eine Übersicht zu den einzelnen Kriterien.

Merkmal	Sattel mit Baum	Baumloser Sattel	Reitpad
Kopfeisen/Fork	Vorhanden	Vorhanden	Ohne
Baum – keine Definition in LPO	Holz, Kunststoff	Keiner oder aus Leder	Ohne
Steigbügelhalterung	Angebracht am Sattel	Angebracht am Sattel	Keine
Wirbelsäulenfreiheit	Durch Kopfeisen, Baum und Kissen	Durch Kopfeisen und Kissen	modellabhängig, wenn, dann durch Polsterung
Steifheit	hoch	flexibel	verformbar
Anpassung möglich	Kammerweite, Polsterung, Kissenform	Kammerweite, Polsterung , Kissenform	Polsterung passt sich in der Breite automatisch an
Flexibilität	Steif	Bedingt	Anschmiegsam
Formgebung	Dauerhaft und ausgeprägt	Reduziert, jedoch überwiegend stabil	Flach beziehungsweise gering
Maßanfertigung	Anatomisch sinnvoll	Häufig modular	Falls möglich, eher Design und Polsterung
Reitdauer	Wenn alles passt, sollte die Belastung identisch sein können.		

Interview mit Gerd Römbke

Reitpads gibt es – je nach Geschmack und Verwendungszweck – in verschiedenen Materialien. *Foto: Kirsten Fleiser*

Foto: Lara Hobrecht

NH – Natural Horse, GR – Gerd Römbke

NH: Was ist typisch für Reitpads?
GR: Der Druck der Sitzbeine wird abgepuffert, man selbst sitzt komfortabler als auf dem blanken Pferderücken. Sowohl zum Reiter als auch zum Pferd hin sollte das Pad rutschhemmend wirken. Da oft so gut wie keine Pausche vorhanden ist, können die Knie gleiten und die Hüfte bleibt dadurch offen. Pads formen den Rücken beziehungsweise den Verlauf, sprich Schwung, viel stärker nach als ein Sattel und geben die Form an den Reiter weiter.

NH: Wie unterscheidet sich das Reiten mit Pad vom Reiten im Sattel?
GR: Zunächst einmal sind beide Varianten immer noch „Reiten" und daher sind sie deutlich ähnlicher, als man vermuten würde, zumindest was die Hilfen betrifft. Es ist wie mit übergeschlagenen Bügeln im Sattel. Allerdings fühlt es sich ganz anders an, wobei auch große Unterschiede zwischen den Pads der verschiedenen Anbieter bestehen. Es kommt bei allen Modellen auf einen geraden, aufrechten Sitz an. Beim Pad hängen die Beine lang. Die Fußspitzen sind tief und die Knie ebenfalls, um locker mitschwingen zu können. Wenn die Knöchel locker sind, ist es der Rest des Körpers auch.

Die Stabilität entsteht, indem man der Bewegung des Pferdes folgt, statt zu klemmen. Besonders merkt man das, wenn man bisher nur mit Sattel geritten ist und jetzt aufs Pad umsteigt. Vielen fehlt erst mal die Einrahmung, vor allem von den heute bevorzugten Tiefsitzern. Zugegeben, der hohe Efter (Hinterkante des Sattels) stützt enorm. Wenn dann der Sattel allerdings zu klein ist, bewegt er den Menschen wie in einer Katapultschale und schiebt ihn nach vorn. Das erzeugt Unruhe, weil man faktisch hinter der Bewegung sitzt. Ganz gut wird das beispielsweise beim Kruppeherein verdeutlicht.

Mit Pad ist es besser möglich, der Rotation des Rückens zu folgen. Dabei „knickt“ man auch etwas mehr ein, weil das Pferd einen außen tiefer setzt. So folgt man eher der Bewegung. Würde man mehr innen sitzen, wirkt das bremsend. Dies lässt sich mit Pad wesentlich besser wahrnehmen als mit einem Sattel, dessen Aufgabe es unter anderem ist, den Reiter zu nivellieren und die Bewegung weniger an ihn weiterzugeben.

NH: Wie sitzt man anders auf einem Pad als in einem Sattel, und hat die Rückenform des Pferdes darauf Einfluss?
GR: Je flacher das Pad nach hinten geformt ist, desto weniger Unterstützung bietet es dem Reiter und desto mehr muss der Reiter die Spannung und die Aufrichtung aus sich selbst sicherstellen. Das ist bei einem Sattel anders und bei einem Tiefsitzer noch mehr als bei einem Flachsitzer.

NH: Welche Unterschiede gibt es zwischen einem Pad und zum Beispiel einem Fellsattel?
GR: Es gibt keine Einheitsreitpads und nicht nur ein einziges Fellsattelmodell. Viele gleichen von der äußeren Form her einem Vaquero-Sattel – groß beziehungsweise massig und gemütlich. Man hat Steigbügel als Aufsitzhilfe und einen breiteren Sitz. Das ist bei dünnen Pferden angenehm. Für den Dressursitz muss die Wade aber an den Pferdebauch. Die Gurtung verläuft zumeist über den Rücken und übt Druck aus. Wenn man schnell vom Pferderücken runter muss, ist das Pad vorteilhafter als der Sattel.

NH: Kann man sagen: Je dicker das Pad, desto mehr besteht die Gefahr, in einen Stuhlsitz zu fallen?
GR: Viele Modelle, wie zum Beispiel Fellsättel, sind urgemütlich, nur leider oft sehr breit. Wenn dann das Pferd auch nicht gerade ein Anatomiemodell ist, kommen die Oberschenkel mehr nach vorn, um die nicht spreizfähige Hüfte und die Adduktoren zu entlasten.

NH: Welche Eigenschaften sprechen für den Einsatz im therapeutischen Bereich?
GR: Der Patient wird deutlich mehr muskulär gefordert und gefördert, weil er weniger stabilisiert wird. Auch sind die Wärme und die Bewegung des Pferdes besser spürbar. Man wird nicht eingezwängt, sondern sinkt tief ein. Oft wird in der Therapie mit Alltagskleidung geritten. Mit Pad kann da auch ohne Reitstiefel nichts eingeklemmt werden, so wie sonst beim Steigbügelriemen. Im Gegensatz zur oft genutzten Kombination von Westernpad und Voltigiergurt stößt man beim Reitpad nirgendwo gegen harte Kanten.

Die Grundzüge des Reitens bleiben mit Pad und Sattel identisch und in gleicher Weise wirksam. Einige Fragen gehören aber schon beantwortet: Wie ist der Mensch mit individuellen anatomischen Hebelverhältnissen körperlich aufgestellt? Wie sind sein vorhandenes Fitnesslevel, seine reiterlichen Fertigkeiten und wie viel Gewicht muss das Pferd tragen? Welche Rasse eignet sich dafür gut? Wie ist die Konstitution, auf welchem Ausbildungsniveau ist das Pferd und wie gut ist es bemuskelt? Entscheidend sind auch die Gesamtlänge der Einheit und die Dauer und Anzahl der einzelnen Reprisen und Pausen.

Worauf ist beim Reitpadkauf zu achten?

+ Die Gurtung sollte nicht über den Rücken verlaufen, damit auf den Dornfortsätzen kein Druck entsteht.
+ Zur flächigen Verteilung sollten im Sattelblatt breite und flache Gurtbänder eingearbeitet sein, aus denen die Strupfen hervorgehen.
+ Das Kissen sollte über den Dornfortsätzen einen Kanal bilden – Stichwort Wirbelsäulenfreiheit –, weil selbst eine weiche Polsterung, die durch das Reitergewicht komprimiert wird, dort Druck verursachen kann.
+ Am Widerrist sollte keine Kante aufliegen.
+ „Einer für alle“ ist kritisch zu betrachten – besser vorher den Verwendungszweck klar formulieren: bummeln im Gelände oder doch dressurlich ambitioniert?
+ Das Sitzgefühl sollte eher weich und gemütlich sein.
+ Das Pad sollte auf den jeweiligen Einsatz, ob sportlich oder freizeitmäßig, abgestimmt sein.
+ Die Vor- und Nachteile von natürlichen und synthetischen Materialien sollten abgewogen werden.
+ Auf das eigene Gewicht und den Körperbau des Pferdes.
+ Auf strapazierfähiges sowie professionell verarbeitetes Material – und eine Garantie, falls doch was passiert.
+ Auf die Möglichkeit der Anpassung wie Nachpolstern.
+ Auf Befestigungsmöglichkeiten für Utensilien.
+ Auf D-Ringe für Maria-Hilfs-Riemen zum Festhalten am Pad.

Das Vertrauen zum Pferd und ein sicherer Sitz sind essenziell. Hat man beides, ist Reiten mit Pad entspannter und pferdefreundlicher als Reiten mit Sattel – gerade im Freizeitbereich. *Foto: Yvonne Voss*

NH: Sind überhaupt noch herkömmliche Sättel nötig?
GR: Zumindest nicht, um gut zu reiten. Für bestimmte Disziplinen empfiehlt sich dennoch ein spezifischer Satteltyp. Selbst wenn man „oben ohne" über ein Hindernis kommt, macht ein Sattel fürs Springreiten Sinn. Auch für Distanzritte, zum Leichttraben, für Ritte im Damensattel, zum Lastentragen bei Packpferden. Oder wenn es der Psyche des Reiters zuträglich ist und er sich sicherer fühlt. Immer vorausgesetzt, der Sattel ist entsprechend angepasst.

NH: Inwiefern ist Reiten mit Pad ernst zu nehmen?
GR: Nicht mehr oder weniger als auch Reiten ohne Gebiss. Auf jeden Fall schult es ganz hervorragend einen lockeren und korrekten Sitz – aufrecht, mit lockerem langen Bein, wobei der Absatz immer tief ist, auch wenn die Fußspitze noch tiefer hängt. Jean-François Pignon sagte einmal, dass das Anziehen der Fußspitze nicht nur anstrengend, sondern sogar völlig sinnfrei sei, wenn man ohne Bügel reitet. Meine Erfahrung geht noch weiter – es ist kontraproduktiv.

NH: Was bringt das Pad dem Pferd?
GR: Grundsätzlich mehr Bewegungsfreiheit für Rücken und Schulter und im Optimalfall einen Reiter, der sein Gewicht auf die Oberschenkel verteilt, anstatt zu klemmen. Auf jeden Fall Abwechslung in der Arbeit oder der Art der körperlichen Beanspruchung – wir ziehen auch nicht jeden Tag dieselben Schuhe an und laufen zwischendurch auch mal barfuß.

NH: Braucht man eine Schabracke, Satteldecke oder weitere Polstermöglichkeiten?
GR: Von der Konstruktion her braucht man solche Unterlagen nicht, zumal man ja so nah wie möglich am Pferdekörper sein will. Aus Gründen der Schonung gegen Schweißaufnahme, zur Klimatisierung oder um muskuläre Dysbalancen etwas

Die aufgerichtete Fußspitze führt zu einer verspannten Körperhaltung und ist nur sinnvoll, wenn ein Bügel – wie beim Sattel üblich – verwendet wird. Eine entspannte Fußhaltung sorgt für eine entspannte Körperhaltung, und das ermöglicht auch ein entspannteres Reiten. *Fotos: Kirsten Fleiser*

auszugleichen, kann zusätzlich gern noch ein Lammfell mit der Haarseite zum Pferd hin zwischen Pad und Rücken platziert werden.

NH: Was sind die typischen Passformprobleme bei Pads?
GR: Ich bekomme gelegentlich die Rückmeldung, dass das Pad nach hinten rutscht und dann auch die Gurtstrupfen schräg verlaufen. Erfahrungsgemäß, wenn ich nachfrage, kommt dann die Info, dass es beim Sattel ähnlich ist. Die Anatomie ist ja in beiden Fällen identisch. Möglicherweise könnte ein Vorderzeug Abhilfe schaffen, nur kann es die Ursache nicht beseitigen.

NH: Wie sinnvoll sind Steigbügel am Pad?
GR: Für den Reiter genauso sinnvoll wie beim Reiten mit Sattel. Insbesondere fürs Leichttraben und den leichten Sitz. Allerdings verteilt das Pad den punktuellen Zug beziehungsweise den Druck nicht, und das kann für das Pferd schmerzhaft sein. Ansonsten ist es nicht nötig, höchstens wenn mal keine Aufstiegshilfe verfügbar ist, denn normalerweise soll der Fuß gar nicht in den Bügel, bevor man sich von oben in das Pad gleiten lässt. Gleichzeitig verhindern die Bügel den Trainingseffekt, wenn man sie nutzt, um sich dem Schwingen des Pferderückens eines schwungvollen und fleißig vorwärtstrabenden Pferdes zu entziehen.

NH: Was ist mit dem Bügeltritt?
GR: Der ist für korrektes Reiten nicht zwingend erforderlich. Der Bügel wird viel häufiger für seitliche Stabilität genutzt, um oben zu bleiben. Ich habe beim Umstieg vom Sattel aufs Pad selbst gespiegelt bekommen, dass ich im Galopp zu weit außen gesessen bin. Unbewusst habe ich mir vorher mit dem Bügel geholfen, der mir dann gefehlt hat. Dafür hat sich dann mein Sitz verbessert, weil ich mich selbst zentrieren musste.

Reiten mit Pad ist nicht nur eine abwechslungsreiche Alternative zum Sattel. Es erfreut sich immer größerer Beliebtheit, auch in anderen Disziplinen wie zum Beispiel in der Dressur. Es erfordert aber auch eine bessere Körperhaltung und eine feinere Wahrnehmung. *Foto: Alisa Konrad*

Der Bügeltritt wurde auch unnötig, weil das Pferd für den Richtungswechsel dem Druck am äußeren Widerrist weicht und deshalb die Richtung ändert.

Allerdings bin ich selbst knapp zwei Meter groß, habe lange Beine und komme ohne Bügel mit der Wade nicht mehr so gut ans Pferd für eine optimal anlehnende Einwirkung. Dafür bräuchte ich wohl ein stattliches Kaltblut. Für Menschen mit Durchschnittsgröße stellt das keinerlei Problem dar, da man auch beim Reiten mit Bügel das Bein maximal streckt, zumindest in der Dressur.

NH: Wie kommt man mit Pad leicht auf das Pferd rauf?
GR: Ebenfalls wie bei einem Sattel, am besten mit einer Aufstiegshilfe, und zwar gern, ohne dabei in den Bügel zu steigen. Und ohne sich in die Sitzfläche reinzuschieben, damit das Pad an seinem Platz liegen bleibt. Man kann auch, wie beim Voltigieren, aufspringen oder dem Pferd beibringen, sich hinzulegen. Dabei entsteht aber viel Druck auf die Bauchregion durch den Gurt. Mit Sattel kommt auch keiner auf die Idee, das zu verlangen.

NH: Wie fördert das Pad meine reiterlichen Qualitäten?
GR: Es gibt einen verbesserten Sitz, mehr Gefühl für die Bewegung, eine verstärkte Körperspannung, einen erhöhten Trainingseffekt, mehr Platz, den Muskel aufzubauen, eine verbesserte Sitzschulung mit mehr Bewegung. Man kann sich dadurch an ein freies Gefühl sehr gewöhnen.

NH: Gibt es das eine Pad für alle Pferdetypen oder zumindest Anpassungsmöglichkeiten?
GR: Prinzipiell liegen nicht alle Pads gleich gut auf jedem Rücken. Deshalb sollte Anpassung in gewissem Umfang möglich sein. Insbesondere die Polsterung bietet die Möglichkeit, den Erfordernissen der Rückenform und den Wünschen des Reiters gerecht zu werden.

NH: Hat man eine andere Geisteshaltung, wenn man mit Pad unterwegs ist?
GR: Ich sag mal so – die Leute machen sich heutzutage mehr Gedanken und informieren sich, ob das, was sie machen, auch pferdefreundlich ist. Mit Pad reiten hat immer noch ein wenig Winnetou-Flair. Die Menschen sind oft entspannter. Das Vertrauen zum Pferd ist die Grundvoraussetzung, um „nur“ mit Pad unterwegs zu sein. Und wenn mal etwas schiefgeht, kommt man aus einem Pad schneller und sicherer raus als aus einem Sattel mit Füßen in den Bügeln.

NH: Danke für das Gespräch!

Gerd Römbke ist Pferdetrainer und wurde schon mit fünf Jahren vom Pferdevirus infiziert, als sein Vater mit Nachbars Kaltblüter den Acker bestellte. Seinen Traum vom gemeinsamen Leben mit Pferden erfüllt er sich auf einem Hof in der Lüneburger Heide. Seit über zehn Jahren entwickelt und vertreibt er von hier aus Equipment rund ums Pferd und gibt Kurse und Einzelunterricht.
www.gerd-roembke.shop

Kirsten Fleiser, studierte Versicherungsbetriebswirtin aus Köln, wandte sich nach einem Sabbatjahr in spanischen Reitbetrieben immer mehr der Gesunderhaltung von Pferden zu. Es folgten Qualifizierungen zur zertifizierten Trainerin für Dual-Aktivierung® und Equikinetic® sowie zur APM-Therapeutin nach Penzel für Pferde und zur equinen Bowen-Anwenderin. Neben ihrer Moderatorentätigkeit setzt sie sich insbesondere auf Mallorca für die Verbreitung von pferdefreundlichem Wissen ein.
www.caballance.de

NATURAL HORSE JETZT AUCH
DIGITAL LESEN UND GELD SPAREN*
Foto: Christiane Slawik
*...und einen Beitrag zum Umweltschutz leistest du auch noch
epaper als Einzelheft bestellen und sofort herunterladen für nur € 8,33 statt € 11,80.
epaper als Digital-Abo für € 49,99 statt € 57,- (D; € 69,- Ausland) bestellen und pünktlich zum Erscheinungstag das Magazin im Email-Eingang haben.
Wir versenden dir ein PDF, das du so oft, wie du magst, anschauen kannst. Richtig gespeichert, hast du bald eine schöne digitale Bibliothek deiner Natural Horse-Magazine. Das Digital Abo kannst du jederzeit zum Ende des Abo-Zeitraums kündigen.
www.naturalhorse.de
in touch with your horse
Foto: Shutterstock/Farknot Architect

Das Pferd – dein **Coach** und dein Freund

Pferdegestütztes Coaching als Lebensbegleitung?

Foto: Hans J. Schmidtke

Appell

Appell von Martina Kiss

Pferde sind so viel mehr als nur Freizeitbegleiter und Sportfreund. Sie können durch ihre Erdverbundenheit heilen und Menschen mental helfen, die auf die üblichen Behandlungsmethoden nicht ansprechen. Gerade in der Corona-Hochphase wäre eine Behandlung beziehungsweise wären verschriebene Coaching-Einheiten mit pferdegestützter Begleitung für jeden Menschen ein Segen und wahrscheinlich auch eine Gesundheitsprävention gewesen, aber es ist müßig, über „Was wäre wenn ...“ zu sinnieren.

Beginnen wir bei den Kindern und Jugendlichen – sie sind unsere Zukunft oder, besser gesagt, die Zukunft unserer Erde. Kinder, die sich bewusst mit Pferden umgeben, sind in den meisten Fällen mental wesentlich gefestigter. Pferde haben die Gabe, die besten Eigenschaften eines Kindes hervorzubringen. Stellt sich doch bei genauerer Betrachtung die Frage: Warum wird deshalb von der Politik dort nicht angesetzt, um eines Tages Persönlichkeiten hervorzubringen, die unsere Länder auf friedvolle Weise führen können? Kurz gesagt: Pferde kosten Geld, und die Gesundheitssysteme, die derzeit in vielen Ländern zusammenbrechen, lassen Ausgaben nicht zu. Und das, obwohl Studien beweisen, dass der Umgang mit Tieren dem Menschen mentale Stabilitiät geben kann. Man pulvert lieber Milliarden Geldmittel in die Erforschung von Medikamenten, die eventuell in einigen Jahren einen Erfolg in der Behandlung von Depressionen bringen können. Und das, obwohl eine gangbare und naturnahe Lösung in Reichweite liegt – in den meisten Teilen Deutschlands auf der nächsten Weide mit Pferden. Jetzt kann man sagen, das sei ein Blick durch die rosarote Brille. Ich fordere jeden Menschen auf, sich einmal in die Nähe eines Pferdes auf eine Weide zu setzen und bewusst dieses Tier wahrzunehmen. Sehen Sie sich Kinder an, wie glücklich ihre Augen in der Nähe eines Pferdes leuchten. Weil sie so angenommen werden, wie sie sind, weil sie sich verstanden fühlen und weil das Pferd ihnen „antwortet“.

Das Problem unserer Gesellschaft ist die Wärme, die unseren Kindern und Jugendlichen fehlt, das Mitgefühl und die Empathie. Wächst man ohne Empathie auf und wird noch mit Reizen gefüttert, die Kindergehirne überfordern, darf man nicht erstaunt sein, wenn Depressionen das Ergebnis sind. Hinzu kommt, dass in den letzten drei Jahren die Maßnahmen in der Corona-Pandemie Kindern und Jugendlichen den sozialen Kontakt untereinander erschwert bis unmöglich gemacht haben. Sie wurden zeitenweise im Homeschooling unterrichtet und der Kontakt wurde auf ein Minimum eingeschränkt. Doch gerade Kinder brauchen den Kontakt zu Gleichaltrigen, sie müssen sich mit ihnen reiben, lachen und Grenzen austesten. Diese Zeit des Heranwachsens ist enorm wichtig für ihre weitere Entwicklung und soziale Kompetenz. Dabei können Pferde eine große Hilfe sein, denn sie lehren Eigenständigkeit und Charakterstärke. Der Großteil der Menschen, die Pferde haben, hinterfragt und denkt vorwärtsgerichtet, somit lösungsorientiert. Pferde lehren uns, hinzusehen, sich mit Problemen auseinanderzusetzen und sie zu bewältigen.

Meiner Meinung nach sollte der Umgang mit Pferden auf jedem Stundenplan einmal wöchentlich an jeder Schule stehen. Das heißt nicht unbedingt das Reiten in einer Reitschule, sondern kindgerechter Zugang zum Pferd. Das Kind sollte lernen, die Sprache des Pferdes zu deuten, es sollte den richtigen Umgang lernen, wie man es putzt und führt, und auch kleine Übungen am Boden. Das Kind wächst mit der Herausforderung, diesem Pferd etwas beigebracht zu haben, und ist motiviert. Motivierte Kinder suchen immer wieder nach Motivation und sind größtenteils Positivdenker. Pferde holen das Beste aus Kindern heraus.

Ich möchte auch noch auf die Unterschiede zwischen Coach und Therapeut eingehen. Wir hatten in Ausgabe 03/2020 schon das Pferd als Therapeuten eingehender betrachtet. Ein Therapiepferd begleitet als Hilfe des Therapeuten traumatisierte Patienten, also Menschen mit schon vorhandenen Erkrankungen wie Depressionen, Angst und so weiter. Ein Therapiepferd muss deshalb eine jahrelange Ausbildung machen, kann aber jederzeit auch Coach sein. Das Pferd, das uns tagtäglich umgibt, therapiert nicht, kann aber coachen. Ein Coach hilft dem Klienten (Kinder, Jugendliche und Erwachsene), seinen Weg und Lösungen zu finden. Das muss nicht mit einem Therapieansatz einhergehen. Pferde als Lebensvorbereitung durch Coaching wären für die Erwachsenen von morgen die idealen Begleiter.

Roswitha Zink, Psychotherapeutin, arbeitet mit ihrem Verein e.motion und dem Lichtblickhof in der pferdegestützten Therapie, erklärt, warum der Umgang mit dem Pferd so wichtig für Kinder und Jugendliche ist, und zieht dabei Vergleiche zu dem Buch „Die unendliche Geschichte" von Michael Ende. Pferde geben viel von ihrer Energie an die jeweiligen Coachees ab – und das selbstlos. Deshalb wäre es wichtig, wenn sie auch energetisch wieder aufgefüllt werden, sonst hat man auf lange Sicht gesehen seelenlose Hüllen vor sich.

Alexandra Lohr informiert, wie man Pferden, die im Coaching begleiten, energetisch helfen kann.

Der letzte Teil des Schwerpunkts widmet sich dem Thema Reiten mit Beeinträchtigung. Unter Beeinträchtigung verstehen die meisten, dass der Mensch „behindert" im Rollstuhl sitzt. Beeinträchtigung muss aber nicht zwangsläufig dermaßen massiv sein. Es gibt viele Menschen, die aufgrund eines Unfalls oder einer Erkrankung denken, nicht (mehr) reiten zu können, und das, obwohl die Liebe zum Reiten und zu den Pferden sehr groß ist. Dieser Artikel ist allen gewidmet, die annehmen, dass Reiten unmöglich für sie geworden ist. Vorzeigebeispiel ist hier Kirsten Fleiser, die selbst in ihrer Beweglichkeit eingeschränkt ist, aber nach wie vor reitet. Sie hat sich auf die Suche nach Ausbildungsinstituten gemacht, die Reiter mit Beeinträchtigungen unterrichten, und was es dabei zu beachten gilt.

Auch wenn jetzt viele denken, dass unser Schwerpunkt diesmal Randthemen gewidmet ist, bitte ich alle, sich einmal in ein Pferd hineinzuversetzen, dessen Mensch traurig neben ihm steht, weil ihn gerade Sorgen plagen. Es gibt Energie, der Mensch fühlt sich anschließend besser, und so gesehen ist das Pferd in diesem Moment mehr Coach als jeder menschliche Coach. Deshalb bin ich auch jeden Tag persönlich meinem verstorbenen Pferd Junior dankbar, dass er immer, wenn ich Probleme hatte, einfach nur da war oder mir beigestanden hat. So gesehen sollte jeder Pferdebesitzer sein Pferd als Coach schätzen und dankbar sein für jede Minute mit ihm.

Eure
Martina Kiss

Das Pferd als Coach

Wie es in Krisenzeiten Kindern und Jugendlichen hilft

von Roswitha Zink

Depressionen, Magersucht, Migräne, Aggressionen – die Medien sind voll von Artikeln, in denen man liest, welche Probleme viele Kinder und Jugendliche in der heutigen Gesellschaft haben. Doch woher kommen diese Verhaltensauffälligkeiten und mentalen oder auch körperlichen Probleme? Reizüberflutung und zu wenig Bewegung in der Natur fördern Wohlstandserkrankungen zusätzlich. Die soziale Abschottung in den letzten drei Jahren durch die Pandemie hatte auf die Psyche von Kindern und Jugendlichen einen erheblichen Einfluss, der uns alle die nächsten Jahre noch begleiten wird. Pferdegestütztes Coaching und pferdegestützte Therapie können Wege für Kinder und Jugendliche sein, um auf einen bewussten Weg des Miteinanders zurückzukehren.

„Pferde haben Superkräfte! Sie fließen in einen, wenn man sie umarmt." Aus tiefstem Herzen habe ich viele Kinder während der Corona-Zeit Pferde umarmen gesehen, es hat eine neue Bedeutung. Dieser Satz stammt von einem kleinen Mädchen, das am Lichtblickhof zur Therapie kommt. Voll Herzlichkeit und Sinnlichkeit sehe ich Amelie* vor mir, die ihren Papa eine Woche zuvor verloren hat. Sie ist sehr zierlich und hat dunkles Haar. Sie schmiegt sich ganz an die Schulter des großen fuchsbraunen Wallachs Kurumi an, während sie ihn mit ihren beiden Armen umarmt. Minutenlang kann Amelie so mit ihm verschmelzen und, wie sie sagt: Superkräfte tanken. Vier Leute waren sie an Papas Begräbnis, mehr waren nicht erlaubt. Es war ein unfassbar schwerer Abschnitt in Amelies Leben und sehr viel Einsamkeit im Leben vieler Kinder und Jugendlicher im von Corona mitgeprägten Abschnitt ihres Lebens. Superkräfte, die kann doch momentan jede und jeder von uns brauchen. Die Körperlichkeit, die Pferde Kindern bieten, ist ein großer Heilfaktor, ein Gesundmacher. Dieser Aspekt hat besondere Bedeutung im Zusammenhang damit, dass viele Kinder weniger Körperkontakt hatten durch die Maßnahmen zur Eindämmung der Pandemie. Was machen also Menschen, besonders Kinder und Jugendliche, nach gut drei Jahren Pandemie mit ihren Ängsten? Mit so vielen widersprüchlichen Nachrichten? So viel Social-Media-Scheinwelten? Damit, dass die Welt sich spürbar und rasch verändert hat, viele haltgebende Rituale (Handgeben) so nicht mehr existieren?

Mit dem Inneren in Resonanz gehen

Aphorismen aus der Literatur und Poesie können Menschen sehr helfen, gerade in Zeiten großer Umbrüche. „Die unendliche Geschichte der Corona-Pandemie", so könnte der Titel dieses Artikels auch lauten. Das Buch „Die unendliche Geschichte" von Michael Ende ist 1979 erschienen und beschreibt viele Weisheiten, die uns vielleicht ein Stück durch diese neue Lebenswelt nach oder mit der Pandemie leiten. Ein wunderschönes Zitat aus der „Unendlichen Geschichte": „Wer nicht aufgibt, den findet das Glück!"

* Name von der Redaktion geändert

Foto: LichtBlickhof

Sich einmal auf dem Rücken eines Pferdes fallen zu lassen, führt zurück zu sich selbst. *Foto: Lichtblickhof*

Im Umgang mit dem Pferd sind Texte und Lebensweisheiten hilfreicher, als man denkt. Wenn wir geleitet sind von schöner Literatur, hilft das unserer Ausstrahlung, und die nehmen Pferde tausendmal feiner wahr als die meisten anderen Tiere. Das nonverbale Interagieren mit einem Pferd gibt Anlass, nachzuspüren, wie das eigene Innere in Resonanz geht, wie Körper und Seele mehr Einklang finden. Kunst, Literatur und Musik sind ein ähnlicher „Stoff“ wie die feine nichtsprachliche Kommunikation mit Pferden. Daher nutzen wir am Lichtblickhof oft Zitate, um hilfesuchende Menschen zu innerem Wachstum anzuregen und diese Texte für die Zeit nach der pferdegestützten Therapie als Symbol für den Prozess mit nach Hause zu nehmen. Dies fördert den wichtigen Transfer in den Alltag der Kinder.

Die Corona-Pandemie hat uns mehr nach innen gezwungen, da viele gewohnte Rituale im „Außen“ nicht möglich waren. Sie hat isoliert und ausgegrenzt und an manchen Schicksalen so grausam mitgeschrieben durch gezwungene Einsamkeit. Auch am Lichtblickhof hat die Pandemie Risse geschlagen, wir haben gespürt, wie viel schwerer es geworden ist, für Kinder und Jugendliche ganz besonders. Für Menschen ist Gemeinschaft genauso wichtig wie für unsere Pferde: die Herde, wir brauchen einander, die Freundschaft, die Berührungen, das gemeinsame Tun, Lachen, Streiten, Weinen, alles Synchronisationsangebote für unsere Physis und Psyche. Das können mobiler Funk, soziale Medien und Anrufe nur zum Schein erfüllen.

Musik und Poesie

Zufriedene synchrone Momente in der Interaktion zwischen Pferd und Mensch werden nicht selten von Musik oder Poesie im Kopf bedingt und begleitet. Weil diese einzigartigen Augenblicke besonders dann eintreten, wenn man wie Bastian, der Junge in der „Unendlichen Geschichte“ von Michael Ende, das Orakel des Südens durch die drei Tore erreicht hat.

> *Das erste Tor ist das Tor der Sphinx. Dabei geht es um die Absichtslosigkeit (Ende, 1969). Dies zeigt das Aufgeben des „Wollens“, das Loslassen als einzigen Weg, zum Ziel zu kommen. Pferde können einem sehr helfen, dieses Tor zu durchschreiten, da sie immer ganz und gar im Hier und Jetzt mit allen Sinnen leben und lieben.*

Pferde sind in ihrer Wahrnehmung sehr fein, und Kinder können ihre Freude, aber auch ihre Sorgen mit ihnen teilen. *Foto: Lichtblickhof*

In therapeutischen und Coachingprozessen ist die Qualität der Beziehung zum Therapeuten/Coach ein wesentlicher Faktor für den Erfolg einer Behandlung (Grawe, 1994; Horvath, Symonds, 1991; Ehlers et al., 2003). Insofern ist davon auszugehen, dass auch die Beziehung zum Pferd in jeder Reitschule einen wesentlichen Wert für die psychische Gesundheit der Reiterin hat. Menschen kommunizieren in der Anwesenheit von Tieren mehr, sowohl verbal als auch nonverbal (Bernabei et al., 2013; Hediger, 2020). Das hilft, den Verarbeitungsprozess des – in den Pandemiejahren – Erlebten bei Kindern in Gang zu bringen. Das Pferd hilft auch durch Holding- und Containing-Qualität (Bowlby, 2016; Fonagy, 2015): Sie nehmen Gefühle auf, verinnerlichen sie, geben sie modifiziert zurück und vermitteln Konstanz und Halt. Dies kann eine Hilfe in der „Verdauungsarbeit" unerträglicher Gefühle sein, besonders wenn die Ich-Stärke gerade niedrig ist. Das Pferd wird zur Projektionsfläche unbewusster Gefühle (Bion, 1992; vgl. Winnicot, 1979). Wieder Anschluss finden, sich Frustrationen aussetzen, aus der Fantasiewelt von Computerspielen und Fernsehfilmen mich und meinen Körper im Hier und Jetzt fühlen und korrigierende gute Erfahrungen der Gemeinsamkeit machen, das können Pferde, da sind sie Gesundmacher. Sie lehren das erste Tor: die Absichtslosigkeit, indem sie einerseits den Kindern klar rückmelden, dass diese einen fixen Plan brauchen, und andererseits jedes Kind viel mehr im *Hier* und *Jetzt* ankommt – auf dem Pferderücken.

Mit dem Pferd in die Heilung

Das zweite Tor in der „unendlichen Geschichte" ist das Tor des Spiegels im Spiegel. Dabei geht es darum, sich in seinen vielfältigen Persönlichkeiten anzunehmen und nicht vor dem Bösen in sich selbst zu erschrecken. Es geht darum, zu verstehen, dass Gut und Böse gleich richtig und gleich wichtig sind zur rechten Zeit.

Sowohl in der Begleitung von Klienten mit starken Trauererfahrungen als auch in der sanften gemeinsamen Erfahrung, heilsame Momente mit Pferden ganz privat im eigenen Stall zu erleben (Zink, 2017), spielen Opfer- und Täteranteile eine Rolle. Sich „gerecht" oder „ungerecht" behandelt zu fühlen, ist durch die Pandemie, aber auch in der Energiekrise ein noch größeres gesellschaftliches Thema geworden. Heilung heißt auch, Schwarz und Weiß ausgewogen in Balance zu halten. Ein guter Mensch zu sein und sich sicher und beschützt zu fühlen, ist angesichts der Welt, die uns umgibt, nicht immer so einfach. Die seltene Erfahrung, zugleich die Zügel in die Hand zu nehmen und getragen zu sein, ist paradox und kann Dualität auflösen und der Reiterin Ambiguitätstoleranz (das Aushalten unterschiedlicher Pole, hier zum Beispiel mit Zügel = mächtig, von einem Pferd getragen werden = ohnmächtig) anschaulich machen.

Das Erlebnis, Pferde in ihrer natürlichen Umgebung zu beobachten, kann schon eine Heilung einleiten. *Foto: Christiane Slawik*

Pferde in ihrer Herde zu beobachten, ihre Rangordnung und ihr soziales Netz zu besprechen, zeigt, wie sehr auch sie diese Balance immer neu suchen. Im Training hilft es, weich, liebevoll, aber auch konzentriert und konsequent zu bleiben. Die Basis des Umgangs und Trainings mit Pferden erfrischt das Erleben dieser Pole unabwendbar. Wann ziehe ich meine Grenzen? Wie körperlich ziehe ich diese? Wo ist welche Strategie für mich und mein Pferd eine gute Erfahrung? In der „Unendlichen Geschichte" spielt die Fantasie eine bedeutende Rolle und tut dies auch im Umgang mit Pferden. Pferde zeichnet ihre Fähigkeit aus, uns ein „ermächtigtes" Gefühl zu geben, Würde zu stiften, wo Isolation, Leistungsdruck oder Lebensumstände viel Beschämung in das Leben der Kinder und Jugendlichen bringen. Fantasien und Träume wieder zuzulassen, kann für die Bereitschaft der Kinder und Jugendlichen, die Schule und auch das Leben anzupacken, entscheidend sein. Sie kann für beginnende Heilprozesse in Krisen und Träumen große Stärke erzeugen, um schwere Zeiten zu überstehen.

Bewusstes Wahrnehmen des Pferdekörpers ist ein Erlebnis für Kinder und Jugendliche.
Foto: Lichtblickhof

Gemeinsame Atem- und Herzfrequenz

Affekt- und Aktivitätsregulation sind wichtige Angelpunkte jeder Krise. Dabei spielen physiologische Vorgänge im Körper eine wichtige Rolle. Die *Atemfrequenz* eines Pferdes ist sehr variabel (Ruheatmung: 8–15 Atemzüge pro Minute bei Großpferden, 10–25 Atemzüge pro Minute bei Ponys, bis 120 bei hoher Anstrengung (Bingold, 2010)). Der Mensch hat eine leicht höhere Atemfrequenz als das Pferd mit 12–18 Atemzügen pro Minute. Durch die vegetative Bemühung des menschlichen Körpers, sich mit dem Interaktionspartner Pferd abzustimmen, reduziert sich die Atemfrequenz und man entspannt sich (Gehrke, Myers & Garman, 2016). Die *Herzfrequenz* von Pferden liegt im Bereich von 30–40 Schlägen pro Minute, kann aber bei Anstrengung auf bis zu 250 Schläge pro Minute ansteigen (Bingold, 2010). Menschen dagegen haben einen Ruhepuls von 50 bis 100 Schlägen pro Minute und einen Maximalpuls von 200.

Pferde reagieren auf Emotionen und Umwelteinflüsse sehr fein mit einer Änderung in der Herzfrequenz. Diese ist daher ein geeigneter Parameter zur Untersuchung der emotionalen Reaktion von Pferden (Rietmann et al., 2004). Pferde reagieren mit hoher Wahrscheinlichkeit auch auf die Herzfrequenz der Menschen, die mit ihnen arbeiten. So zeigte eine Untersuchung, dass Pferde sich in angstauslösenden Situationen an der Herzfrequenz ihrer Führungsperson orientieren und ihre Entscheidungen und ihr Verhalten entsprechend anpassen (Keeling, Jonare & Lanneborn, 2009). In einer anderen Studie dagegen reagierten Reiter mit einer stärkeren Erhöhung der Herzfrequenz auf Publikum bei einer Dressurprüfung als ihre Pferde im Vergleich zur gleichen Prüfung ohne Zuschauer (von Lewinski et al., 2013). So synchronisieren auch Menschen ihre Herzfrequenz untereinander, wie in einer Studie bei Chorsängern beim gemeinsamen

Singen gezeigt werden konnte (Vickhoff et al., 2013).

Aufmerksamkeit und Konzentration

Unsere Erfahrung ist, dass selbst Kinder, die gar nicht mehr träumen können, von Pferden dazu angeregt werden. „Safe Place“ (Gahleitner, Katz-Bernstein, Pröll-List, 2013), Atemübungen und andere hilfreiche Imaginationen (Reichel, 2012) bieten einen geübten Zufluchtsort. Der Stall ist oft ein Ort, an dem Kinder trotz schwierigen Lebenssituationen Helden sein können, und er ist wie ein realer „Safe Place“. In der Fantasie können sie stark und unbezwingbar, mutig und schlau sein. Trotzdem ist es wichtig, auch in der wirklichen Welt zu leben, sich den schweren Situationen zu stellen und nicht aufzugeben. Gerade bei den Pferden können Kinder diese Waage gut üben. Fantasie zur Flucht vor der Realität zu nützen, aber auch die Realität als Lebensort mit Fantasie zu gestalten. Auf dem Rücken der Pferde kann man sich nach „Phantasien“, dem Ort in der „Unendlichen Geschichte“, tragen lassen und sich mit einem treuen Freund den Abenteuern stellen. Gleichzeitig braucht das Pferd in der wirklichen Welt Konzentration, Aufmerksamkeit und Zuwendung, ist manchmal verletzend authentisch und absolut bei sich.

Pferde sind in ihrer Wahrnehmung uns Menschen überlegen. Umso wichtiger ist es, einen Trainingsweg zu finden, der sich an den aktuellen wissenschaftlichen Erkenntnissen orientiert. Und es gibt viel großartige Forschung in dem Themenfeld. Positive Verstärkung zieht auch in die Pferdeerziehung ein und macht Lust auf mehr an Forschung und Expertise.

Souveräne Pferde geben Sicherheit

Pferde können feine Muskelveränderungen und Mimik wahrnehmen (Smith et al., 2016), den Herzschlag ihres Gegenübers spüren (Wyatt 2003; Naber 2018), dessen Emotionen riechen und weit feiner als wir die Schwingungen zwischen den Worten hören (Kiley-Worthington, 1993; Zeitler-Feicht, 2015). Aufgrund dieser erweiterten Wahrnehmung und der Bezogenheit auf die Gegenwart sind Pferde, die aktiv und konzentriert im Training mitarbeiten, Weltmeister im Timing, das für

Pferde hören zu, wenn Kinder und Jugendliche ihnen ihr Herz ausschütten. *Foto: Christiane Slawik*

heilsame Impulse besonders wertvoll ist. Dazu brauchen Pferde aber ein Leben, das ihren Sinnen entspricht. Nur sichere, souveräne Pferde sollten Kindern eben ein guter Begleiter und Gesundmacher sein. Resilienztraining und die Selbstwirksamkeit sind zwei Dinge, die für die Tiere ebenso wichtig sind wie für Kinder und Jugendliche im Umgang mit Pferden. Dazu passt dann gleich das dritte Tor der „Unendlichen Geschichte“:

> *Das dritte und letzte Tor ist das Tor zu den Stimmen der Stille. Dieses Tor öffnet sich erst, wenn man sich selbst „verliert“. An diesem Tor scheitern die meisten, weil allein der Gedanke an etwas oder jemanden, der einem wichtiger ist, als man es sich selbst ist, einen zurückbringen kann.*

Kinder und Jugendliche lieben ihre Pferde meistens mehr als sich selbst, wenn sie die Möglichkeit bekommen, eine Beziehung aufzubauen. Viele Menschen haben durch Corona schwere Erlebnisse in ihrem Leben durchzustehen. Dazu kommen Bilder von Krieg, Klimakrise und Wirtschaftsrezession. Das lässt uns unbeschwerte Zeiten vermissen. All diese neuen „Bedrohungen“ haben etwas Vernichtendes, aber sie bringen auch eine große Chance, etwas sehr Wertvolles zu finden. Jeder Mensch bewegt sich auf einem Kontinuum zwischen gesund und krank, solange er lebt (Antonovsky, 1979). Dies gilt für die Psyche ebenso wie für den Körper.

Pferde stärken den Selbstwert

Es gibt eine Formel, die hilft, besser im Meistern des Lebens zu werden. Verstehbarkeit, Handhabbarkeit und Sinnhaftigkeit der Aufgaben, die einem das Leben stellt (Antonovsky, 1997), sind maßgeblich, damit in einem Menschen das Gefühl von

Pferde stärken nicht nur das Selbstvertrauen, sondern agieren als Gesundmacher, denn Kinder sind glücklich auf ihrem Rücken. *Foto: Lichtblickhof*

Gesundheit entstehen kann. Grawe (2004) formte aus Antonovskys Theorie seine Konsistenztheorie, in der jeder Mensch vier Grundbedürfnisse verfolgt: Orientierung und Kontrolle, Lustgewinn und Unlustvermeidung, Bindung, Selbstwerterhöhung und Selbstwertschutz. Pferde unterstützen in herausragender Form genau diese Bestrebungen. Sie helfen einem, sich rein räumlich zu orientieren. Kinder lernen, Bahnfiguren zu reiten, sie lernen, ihren Körper zu kontrollieren auf einem sich bewegenden Pferderücken. Ich kenne kein Kind, das nicht unwillkürlich lachen muss beim ersten behüteten Trab auf einem Pferderücken und sich nach einer gut gemachten Reitstunde in seinem Selbstwert gestärkt fühlt. Pferde können so viel für uns tun, uns in allen Bereichen unseres Lebens Kraft, Mut und Orientierung geben. All das sind Gründe, den sanften Riesen von Herzen dankbar zu sein!

Beenden möchte ich diesen Artikel mit einem Zitat aus der „Unendlichen Geschichte“:

> *Es gibt Menschen, die können nie nach Phantasien kommen, und es gibt Menschen, die können es, aber sie bleiben für immer dort. Und dann gibt es noch einige, die gehen nach Phantasien und kehren wieder zurück. So wie du ... Und sie machen beide Welten gesund.*

Roswitha Zink absolvierte das Studium der Biologie und der Psychologie sowie die Ausbildung zur Psychotherapeutin. Vor 20 Jahren gründete sie gemeinsam mit tatkräftigen Freunden den Verein e.motion Lichtblickhof, der zu 100 Prozent aus Spenden finanziert wird. Die Mission des Vereins ist es, Tiere, Menschen und Familien, die von traumatischen Erlebnissen, Erkrankungen, Behinderungen oder Tod belastet sind, zu begleiten und sie zu unterstützen, ihr Gefühl für Sicherheit, Selbstwirksamkeit und Würde wieder zu empfinden. Das Team glaubt an die heilende Kraft der therapeutischen Arbeit mit Tieren, handelt nach den neuesten Erkenntnissen der Forschung, um Menschen zu unterstützen, ihr Leben wieder oder neu auf eigenen Beinen zu meistern und zu genießen.
www.lichtblickhof.at

Weiterführende Links

Deutschland:
Deutsches Kuratorium für therapeutisches Reiten – www.dkthr.de
Institut für Pferdegestützte Therapie – www.ipth.de

Österreich:
Österreichisches Kuratorium für Therapeutisches Reiten – www.oktr.at

Schweiz:
Institut für tiergestützte Interventionen Schweiz – www.compas.ch
pferdegestützte Interventionen Schweiz – www.pi-ch.ch
Schweizer Gruppe Therapeutisches Reiten – www.sgtr.ch

Literatur:

Antonovsky, A. (1979). Health, stress and coping: new perspectives on mental and physical well-being. Jossey Bass, San Francisco

Antonovsky, A. (1997). Salutogenese. Zur Entmystifizierung der Gesundheit. Deutsche Herausgabe von Alexa Franke. DGVT-Verlag, Tübingen

Bernabei, V., De Ronchi, D., La Ferla, T., Moretti, F., Tonelli, L., Ferrari, B., Atti, A. R. (2013). Animal-assisted interventions for elderly patients affected by dementia or psychiatric disorders: a review. J psychiatric res, 47(6)

Bingold, C. (2010). EquiVetInfo. verfügbar unter http://home.equivetinfo.de/

Bion, W. (1997). Lernen durch Erfahrung. Suhrkamp, Frankfurt/M.

Bowlby, J. (2016). Frühe Bindung und kindliche Entwicklung. 7. Aufl. Ernst Reinhardt, München

Bregman, M. R., Iversen, J. R., Lichman, D., Reinhart, M., Patel, A. D. (2013). A method for testing synchronization to a musical beat in domestic horses (Equus ferus caballus). Empirical Musicology Review, 7

Ehlers, A., Clark, D. M. (2000). A cognitive model of posttraumatic stress disorder. Behav Res Ther, 38(4)

Ende, M. (1979). Die unendliche Geschichte. Thienemanns Verlag, Stuttgart

Fonagy, P., Gergely, G., Jurist, E. L., Target, M. (2015). Affektregulierung, Mentalisierung und die Entwicklung des Selbst. Klett-Cotta, Stuttgart

Gahleitner, S., Katz-Bernstein, N., Pröll-List, U. (2013). Resonanzen. Ausg. 2013/2, E-Journal für biopsychosoziale Dialoge in Psychotherapie Supervision und Beratung

Gehrke, E. K., Myers, M. P., Garman, K. (2016). Pilot study on impact on balance of autonomic nervous system during equine-assisted coaching: Simultaneous heart rate variability in horses, coach, and client. International Journal for Human Caring

Grawe, K. (2004). Neuropsychotherapie. Hogrefe, Göttingen

Grawe, K., Donati, R., Bernauer, F. (1994). Psychotherapie im Wandel – Von der Konfession zur Profession. Hogrefe, Göttingen

Hediger, K. (2020). Animal-assisted therapy enhances positive emotions and social behaviour in patients with acquired brain injury

Hediger, K., Zink, R. (2017). Pferdegestützte Traumatherapie: Ernst Reinhardt Verlag, München

Keeling, L. J., Jonare, L., Lanneborn, L. (2009). Investigating horse-human interactions: the effect of a nervous human. Vet J, 181(1)

Kiley-Worthington, M. (1993). Pferdepsyche – Pferdeverhalten. Grundlagen für Reiter, Halter und Trainer. Müller Rüschlikon, Stuttgart

Von Lewinski, M., Biau, S., Erber, R., Ille, N., Aurich, J., Faure, J. M., Aurich, C. (2013). Cortisol release, heart rate and heart rate variability in the horse and its rider: different responses to training and performance. Vet J, 197(2)

Naber, A., Kreuzer, L., Zink, R., Millesi, E., Palme, R., Hediger, K., Glenk, L. M. (2019). Heart rate, heart rate variability and salivary cortisol as indicators of arousal and synchrony in clients with intellectual disability, horses and therapist during equine-assisted interventions. Pet Behaviour Science, 7

Reichel, A. (2012). Dissertation, Wie geht's? Wie steht's? Donau Uni Krems

Rietmann, T. R., Stuart, A. E. A., Bernasconi, P., Stauffacher, M., Auer, J. A., Weishaupt, M. A. (2004). Assessment of mental stress in warmblood horses: heart rate variability in comparison to heart rate and selected behavioural parameters. Applied Animal Behaviour Science, 88(1-2)

Smith, A. V., Proops, L., Grounds, K., Wathan, J., McComb, K. (2016). Functionally relevant responses to human facial expressions of emotion in the domestic horse (Equus caballus)

Vickhoff, B., Malmgren, H., Astrom, R., Nyberg, G., Ekstrom, S. R., Engwall, M., Jornsten, R. (2013). Music structure determines heart rate variability of singers. Front Psychol, 4

Winnicott, D. (1979). Vom Spiel zur Kreativität. Klett-Cotta, Stuttgart

Wyatt, T. D. (2003). Pheromones and animal behaviour. communication by smell and taste: Cambridge University Press, Cambridge

Zeitler-Feicht, M. H. (2015). Handbuch Pferdeverhalten. Ursachen, Therapie und Prophylaxe von Problemverhalten: Ulmer, Stuttgart

Ausgleich für Coachingpferde

Über die energetische Gesunderhaltung eines Pferdes

von Alexandra Lohr

Foto: Christiane Slawik

Pferde unterstützen uns dabei, den Stress aus dem Alltag loszulassen, und in Anwesenheit des Pferdes erfährt man schnell, wie Ängste und Sorgen in den Hintergrund treten können. Der Stress löst sich gefühlt fast in Luft auf, nur nach kurzer gemeinsamer Zeit mit dem Pferd. Gerade das Wesen Pferd geht durch seine Hochsensitivität mit uns in Resonanz und besitzt die Fähigkeit, uns energetisch zu entlasten und in Bezug auf unsere Lebensenergie positiv zu unterstützen. Genau aus diesem Grund ist das Pferd im Bereich Therapie und Coaching ein wirkungsvolles Medium.

Gerade dann, wenn Pferde noch über den Freizeitbereich hinaus zum Einsatz kommen und als Therapie-, Coaching- oder Schulpferde arbeiten, sind wir in der Verantwortung, sie auf energetischer Ebene nicht zu überlasten, von möglichen Anhaftungen negativer und fremder Energien zu lösen und sie stets davor zu schützen.

Nicht nur allein die Anwesenheit der Pferde unterstützt bei den Prozessen. Es ist auch die Fähigkeit der Pferde, heilsam auf uns einzuwirken. Egal in welchem Bereich die Pferde ihren Einsatz in der Zusammenarbeit mit dem Menschen haben, sie gehen mit uns in Resonanz. Selbst der Kontakt mit dem Pferd als Freizeitpferd und der dort stattfindende Austausch der Schwingungen zwischen Mensch und Pferd können bei hoher Emotionalität oder auch Belastung des Pferdemenschen für das Pferd ebenso belastend wirken. Setzen wir das Pferd dann noch im beruflichen Bereich vermehrten Fremdemotionen und Fremdschwingungen aus, dann kann es schnell auch einmal zu einer energetischen Reizüberflutung des Pferdes kommen.

Durch die lebensbedrohliche Erkrankung meines „Seelenpferdes" Don, der mich einst selbst zum Coaching mit Pferden brachte und der nach wie vor an meiner Seite wirkt, bin ich erst darauf gestoßen, welche Verantwortung wir zur energetischen Entlastung und Reinigung von Fremdschwingungen eines Pferdes haben, vor allem wenn wir es beruflich einsetzen und belastenden Themen aussetzen.

Alles ist Schwingung, alles ist Energie

Alles, was uns umgibt, wirkt energetisch auf uns und auf unsere Tiere. Durch unsere Sinneswelt können wir Schwingungen nicht bewusst wahrnehmen. Dennoch sind diese Schwingungen da und auch als Frequenzen messbar. Nehmen wir einmal als Beispiel das Radio. Es empfängt nur die Frequenzen, die wir über den Kanal einstellen. Dennoch stehen weitaus mehr Frequenzen zum Empfang bereit. Das Resonanzgesetz ist vor allem im Bereich der Akustik bekannt, doch bewirkt unter anderem auch das Gehen im Gleichschritt eine Resonanz. Durch unsere Fähigkeit des Mitfühlens gehen wir häufig bewusst, doch meistens unbewusst in Resonanz der Emotionen und in Austausch des Energiefeldes unseres Gegenübers. Das bedeutet, unsere Schwingungsfelder passen sich dem des Gegenübers an und beginnen gleichsam zu schwingen. Sicherlich kennt jeder von uns Gespräche oder einen Aufenthalt an einem bestimmten Ort oder auch in Menschenansammlungen, in denen man sich im Anschluss völlig ausgelaugt gefühlt hat. Jeder Mensch hat seine eigenen negativen und positiven Erfahrungen und diese Schwingungen können körperlich und seelisch beeinflussen. Auch Orte, an denen mehrere Menschen zusammenkommen, vor allem wenn dort stark emotionale Themen behandelt werden, können energetisch belastet sein.

Gerade hochsensitive Menschen nehmen ein solches Eindringen von Fremdenergien in das eigene Schwingungsfeld sehr bewusst wahr und können dadurch stark in ihrer Lebensenergie beeinflusst werden. Die Beeinflussung kann sich unter anderem durch primär psychische und später meist durch physische Symptome zeigen. Den Tieren geht es ebenso. Das Energiefeld der Menschen sowie das unserer Tiere reagiert auf die verschiedensten Einwirkungen aus der Umwelt. Gerüche, Klänge, Licht und Farben sowie vor allem Gedanken, Worte und Gefühle können das Energiefeld positiv wie auch negativ beeinflussen. All das Genannte ist Energie, in Frequenzen messbar, und wirkt stets auf uns ein. Selbst an Orten und in Gemäuern können Frequenzen in Form von Schwingungen gemessen und ebenso durch die oben genannten Einflüsse in ihrer Schwingung beeinflusst werden. Positiv denkende und handelnde Menschen, mit denen man sich umgibt, können sich positiv auswirken, und negativ denkende Menschen beeinflussen durch Energieentzug.

Pferd und Mensch gehen in Resonanz, und dadurch wird das Pferd zum idealen Coach. *Foto: Martina Kiss*

Wenn uns dies einmal bewusst geworden ist, sollten wir uns selbst sowie unsere Tiere vor negativen und belastenden Fremdenergien reinigen und künftig auch schützen.

Eine bewusste Haltung als größter Schutz

Unsere innere Haltung, die aus unseren Gedanken und Glaubenssätzen geformt wird, beeinflusst die Schwingungen um uns herum und somit unser Energiefeld maßgeblich. Daher ist der erste Schritt, um uns selbst und unsere Tiere vor einer negativen Belastung zu schützen, sich der möglichen Konsequenzen von Fremdenergien bewusst zu sein und alles Mögliche zur Entlastung voller Überzeugung von innen heraus zu tun.

Wir selbst können bewusst entscheiden, wo und mit wem wir Zeit verbringen, und damit auch steuern, ob wir zulassen, mit möglichen negativen Energien zu sehr in Austausch zu kommen. Ein weiteres Hilfsmittel ist, sich seiner Gedanken und seinen Energien stets bewusst zu sein. Diese Präsenz bezieht nicht nur mit ein, mit seiner Aufmerksamkeit im Hier und Jetzt, sondern auch in einer guten Körperwahrnehmung mit seinem Atem verbunden zu sein und dadurch bei sich selbst zu bleiben. Das schützt vor allem vor einer zu hohen Durchlässigkeit fremder Schwingungen. Sich selbst und unser Pferd bewusst in einen imaginären Schutzmantel zu hüllen vor der Arbeit und diesen Mantel im Anschluss wieder abzulegen, ist ebenso eine sehr wirkungsvolle Möglichkeit.

Empathie und Mitgefühl

Das Mitgefühl und die Empathie sind sicherlich sehr wichtige Kompetenzen, die wir als Coaches und TherapeutInnen sowie in anderen Berufen benötigen, wenn wir mit Menschen und Tieren arbeiten. Es ist jedoch Bewusstheit angesagt, dass wir nicht zu sehr in Resonanz gehen mit den Themen und Emotionen unserer KlientInnen und es dadurch zu einer starken Beeinflussung unserer Lebensenergie kommen kann. Es darf mit Mitgefühl begleitet werden, doch sollte man darauf achten, stets bei sich selbst und dadurch geschützt zu bleiben. Um sich komplett vor Fremdenergien zu schützen, kann die

Lösung auch nicht sein, sich komplett abzuschotten und keinen (energetischen) Austausch mehr zuzulassen.

Es geht darum, sich bewusst zu sein, wann wir zu sehr in Schwingung mit unserem Gegenüber kommen und wann diese belastend wirken kann. Dieser Austausch der fließenden Energie ist auf der einen Seite unumgänglich, da alles miteinander in Verbindung steht. Doch in seiner eigenen positiven Mitte zu sein, sich positiven Gedanken auszusetzen und diese Frequenzen zu senden, kann ebenso Schutz bewirken. Bewusst Orte aufzusuchen, vor allem in der Natur, kann reinigend und entlastend sein. Weiteres Arbeiten mit Kräutern, Massagen, Meditationen, Räucherungen, Akkupunktur, energetischer Osteopathie, Bachblüten und sonstigen Energiearbeiten können zudem unterstützen, sich und sein Pferd zu schützen und gegebenenfalls energetisch zu entlasten.

Im privaten Bereich kann man bewusster entscheiden, welchen Themen man sich aussetzen möchte. Wenn man mit Menschen im beruflichen Setting arbeitet, hat man häufig weniger die Wahl. Tiere und vor allem die Pferde, die wir in die Arbeit mit einbinden, haben in der Regel gar keine Wahl und können sich auch nicht bewusst den Fremdenergien entziehen oder sich davor schützen. Die hohe Empfänglichkeit der Pferde nimmt alle Energien auf wie ein Schwamm und saugt diese förmlich auf. Die starke Resonanzfähigkeit der Pferde bedingt, dass ihre Schwingungen in einem weiten Feld beginnen, sich dem anzugleichen, was sie umgibt.

Jeder kennt das. Man fühlt sich energetisch gut und trifft sich mit einer Freundin, die viele Probleme hat. Man tauscht sich darüber aus, und zum Ende des Gesprächs geht es der Freundin viel besser. Man hat ihr viel positive Energie gegeben und selbst fühlt man sich eher ausgelaugt und müde. Da das Positive das Negative beeinflusst und das Negative das Positive, erleben wir, dass im Austausch häufig negativer Stress aufgenommen und die positiven Schwingungen auf unser Gegenüber übertragen werden. Wohl ist das der Grund, weshalb wir uns häufig erleichtert und energetisch aufgeladen fühlen, wenn wir vom Pferd kommen. Das Pferd hat uns unsere negative Energie abgenommen. Und seine positive Energie auf uns übertragen. Wir fühlen uns besser. Aber wie geht es unserem Pferd dabei?

Das Pferd als Katalysator

Das Pferd lebt im besten Fall im Einklang mit und in der Natur. Möglichst geht das Pferd barhuf und steht in natürlichem Kontakt zur Mutter Erde. Seine Wahrnehmungsfähigkeit, die deutlich über unsere hinausgeht, sein achtsamer und präsenter Geist sind stets mit allem Feinstofflichen, das uns umgibt, verbunden. Ein Pferd nimmt weitaus mehr Frequenzen wahr, als wir es tun. Der große Resonanzkörper des Pferdes wird von einem weiten Schwingungsfeld umgeben. Es ist in seiner Natur, die Energien in Richtung Himmel und Erde leiten zu können, und durch seine geerdete Verbindung zur Natur kann das Pferd Schwingungen von Natur aus bereits sehr gut katalysieren.

Hat das Pferd dann noch die Möglichkeit, in einem natürlichen Umfeld zu leben, ausgiebig in Kontakt mit Artgenossen zu sein, sich zu bewegen, Sonnenstrahlen, Wind und Wetter zu erleben, sich auf dem Boden zu wälzen und sich dadurch von möglich anhaftenden Fremdenergien zu lösen und diese anschließend abzuschütteln, geben wir dem Pferd bereits die besten Voraussetzungen für ein natürliches Gleichgewicht und eine Gesundheit auf allen Ebenen.

Das Wälzen dient unter anderem auch dem Befreien von Fremdenergien. *Foto: Christiane Slawik*

Kräuter – reinigend und ausleitend

Nicht nur die Umgebung, auch was das Pferd in Form von Futter aufnimmt, kann es dabei unterstützen, sich psychisch, physisch sowie seelisch zu entlasten. Geben wir den Pferden zum Beispiel die Möglichkeit, frische Kräuter zu verzehren, können wir beobachten, wie die Pferde je nach emotionalem Zustand die Kräuter verzehren, die entlastend auf ihr gesamtes System wirken können. Nachdem meine Stute Eufemia als Repräsentanz ein sehr emotionales systemisches Coaching begleitet hatte, stürzte sie sich im Anschluss auf Brennnesseln, die am Wegesrand wuchsen. Sie zeigte mir intuitiv, was nun gut für sie war. Für ein Coaching-, Therapie- oder Schulpferd wäre ein Kräuterbeet, an dem sich die Pferde bedienen dürfen, das in unmittelbarer Nähe des Stalls gepflanzt wäre, eine wundervolle Ergänzung. Da Kräuter grundsätzlich eine reinigende Funktion auch für Orte haben können, kann die Bepflanzung von Kräutern auch bei der energetischen Aufarbeitung von Orten genutzt werden, an denen viel mit Menschen gearbeitet wird. Nicht nur frische, auch getrocknete Kräuter können unmittelbar nach der Arbeit mit dem Menschen, aber auch zwischendurch als Futtermittel eingesetzt werden.

Kräuter, die reinigen und ausleiten

Beifuß, Brennnesseln, Kamille, Pfefferminze, Lavendel, Rosmarin, Oregano, Wacholder, Thymian sowie Brombeerblätter.

Auch die Phytotherapie findet ihren Einsatz, gerade wenn es um das Reinigen von Fremdschwingungen geht. Essenzen übermitteln bestimmte Reinigungsenergien und unterstützen die Pferde auch emotional, negative Fremdenergien zu verkraften und sich von möglichen energetischen Lasten zu lösen.

Nach getaner Arbeit oder Therapieeinheit ist ein bewusster Abschluss mit einer Verabschiedung aus energetischer Sicht lösend und reinigend. *Foto: Christiane Slawik*

Am Ende stehen ein gelöster Mensch und ein energievolles Pferd.
Foto: Christiane Slawik

Reinigende und stärkende Massagen

Massagen, wie die APM-Massage nach Penzel, die Tellington-TTouch-Methode oder auch das energetische Putzen sind schöne Methoden, die den Pferden helfen, sich von anhaftenden Energien zu lösen. Selbstverständlich eignen sich Massagen auch gerade dazu, zu erkennen, wie es dem Pferd geht. Mögliche Blockaden können ebenso Aufschluss über eine eventuelle energetische Reizüberflutung oder auch Belastung geben.

Eine der eindrücklichsten Methoden, um Pferde zu entlasten, ist, sie bewusst aus ihrer momentanen Rolle zu verabschieden, wenn sie uns als Coaching-, Schul- oder Therapiepferd gedient haben. Wie wir im Vorfeld erfahren haben, sind unsere Gedanken und Worte Energie und formen somit unser Energiefeld, das sich auf das der Pferde auswirken kann. Positive Gedanken, die dem Pferd vermitteln, dass es alles loslassen darf, was es vom Menschen auf- oder abgenommen hat, können bereits stark wirken. Diese Gedanken können auch vom Klienten oder Patienten ausgesprochen werden. Den Gedanken und Worten verleihen wir jedoch die stärkste Kraft, wenn sie mit einer absolut inneren Überzeugung gesendet werden. Ein weiteres Ritual kann sein, dass wir uns einen imaginierten Ort der Reinigung erstellen, den wir mit unserem Pferd aufsuchen, und weißes Licht visualisieren, das dort zur Reinigung durch seinen und auch durch unseren Körper und Energieraum fließt. Um die Pferde nach getaner Arbeit wieder zu lösen, können wir sie auch bewusst über eine Linie treten lassen, bevor wir sie in den Offenstall oder auch in ihren Stalltrakt zurückbringen. Diese Linie kann imaginiert sein oder wir visualisieren diese tatsächlich über einen farbigen Strich oder auch durch ein Holz oder ein Band, das wir auf den Boden legen, und entlassen das Pferd gedanklich oder auch ausgesprochen aus seiner Funktion.

Mit eigener Individualität zur Gesunderhaltung des Pferdes

Letztendlich gibt es viele weitere Möglichkeiten, um die Lebensenergie der Pferde zu schützen und zu reinigen. Hier spielen vor allem die Intuition und eine gute Wahrnehmung des Pferdemenschen eine große Rolle. Es ist wichtig, für sich und sein Pferd herauszufinden, welche reinigende, entlastende sowie schützende Methode passt und sich stimmig anfühlt. Alles gut Gemeinte, das nicht wahrhaftig von innen heraus kommt, hat so gut wie keine positive Wirkung. Alles, was wir hingegen voller Bewusstheit und absolut innerer Überzeugung tun, ist für das energetische Resultat maßgeblich. Wird dann noch alles voller Liebe umgesetzt, fängt alles zu strahlen an und die Lebensenergie steigt enorm. Wenn wir das Pferd mit in unsere Arbeit integrieren, sollte es nicht als Instrumentarium für menschliche Zwecke eingesetzt werden, sondern wertschätzend und achtsam in unserer gesamten und vollen Verantwortung energetisch, psychisch und physisch gesund erhalten werden.

Alexandra Lohr ist Systemischer Coach mit Pferden und legt in ihrer Arbeit durch die eigens entwickelte EQS-Methode by Alexandra Lohr® den Schwerpunkt auf den freiheitlichen sowie gesunderhaltenden Einsatz der Pferde. Vorrangig arbeitet sie mit Einzelpersonen im Bereich der Persönlichkeitsentwicklung, zudem arbeitet sie europaweit im Bereich Teambuilding. In ihrer Akademie bildet sie mit weiteren Experten Menschen aus, die das Coaching mit Pferden sowie das Systemische Naturcoaching erlernen möchten. Ihr Angebot umfasst Aus- und Weiterbildungen sowohl in Präsenz als auch online.
www.bewusst-wirken.de

REITEN MIT BEEINTRÄCHTIGUNG

Mit Mut und Herz aufs Pferd

Erfahrungsbericht von Kirsten Fleiser

Reiten (wie andere Bewegungsarten auch) ist eine ganzheitliche Freizeitbeschäftigung, die alle Ebenen des Körpers und des Geistes beansprucht. Was aber, wenn diese Funktionen eingeschränkt sind? Viele, die gern reiten möchten, aber eingeschränkt sind, haben nicht den Mut oder schließen es aus, diese Sportart auszuüben. Kirsten Fleiser hat selbst aufgrund einer Nervenquetschung eine körperliche Einschränkung im linken Bein, saß zeitweise im Rollstuhl, reitet trotz dieser Einschränkung. Sie hat sich umgesehen, welche Möglichkeiten es für Reiter mit Beeinträchtigungen gibt.

Foto: Christiane Slawik

Üblicherweise gleicht die Wissensvermittlung im „Behindertenreitsport" einer Einbahnstraße – die vermeintlich kompetenten Unversehrten unterrichten die Beeinträchtigten. Völlig zu Unrecht, denn die kreativen Herangehensweisen zur gezielten Kompensierung von Defiziten sind für jeden Pferdealltag eine wertvolle Bereicherung. Lernen beruht immer auf Gegenseitigkeit. So lässt beispielsweise Prof. Dr. Kabsu Kim an der Universität in Seoul regelmäßig Autisten den Reitunterricht leiten. Nur wer damit einverstanden ist, darf auf seiner Anlage reiten. Darüber hinaus ist die besondere Wahrnehmung hilfreich zur reiterlichen Entwicklung, da Details wahrgenommen werden, die für Unversehrte oft zu fein sind. Gleichzeitig fördert es die Stellung innerhalb der Gemeinschaft, da nun die Behinderten die Ausbilder sind und dafür wertgeschätzt werden, was sich zweifelsohne gut anfühlt.

Was macht in der Praxis den Unterschied zwischen einem Gesunden, der zu Sitzschulungszwecken auf dem Pferd turnt, und dem körperlich Beeinträchtigten, der zu Therapiezwecken die identischen physiotherapeutischen Übungen auf dem Pferderücken absolviert?

Anlass für diese Frage war die Ablehnung des Egon von Neindorff-Instituts für meine Teilnahme an einem Reitseminar, mit der Formulierung, dass die Versicherung kein therapeutisches Reiten abdeckt. Als Versicherungsbetriebswirtin hatte ich meine Zweifel hinsichtlich der versicherungstechnischen Zulässigkeit von Behindertendiskriminierung, genauso wie der Abgrenzung von therapeutischem Reiten gegenüber dem Reitsport für körperlich Beeinträchtigte.

Um die Füße in den Steigbügeln zu stabilisieren, gibt es Sicherheitseinsätze. *Foto: Kirsten Fleiser*

EINTEILUNG IN *GRADING*

Gleich, ob körperlich oder geistig und in welchem Umfang man für das Reiten eingeschränkt ist, wird von Ärzten oder Physiotherapeuten im sogenannten *Grading* ermittelt. Weil eine bestehende Einschränkung für Außenstehende auf den ersten Blick oft gar nicht wahrnehmbar ist und nicht jeder wegen fehlender Mobilität gleich im Rollstuhl sitzt, gibt es Kriterien, die in fünf Schweregrade eingeteilt werden, wobei 1 der höchste ist. Allerdings bedeutet auch nicht jede Funktionalitätsminderung beziehungsweise deren Ausprägung automatisch einen tatsächlichen Nachteil beim Reiten und bedarf eines ausgleichenden Hilfsmittels.

Relevant sind nur jene Fähigkeiten von zum Beispiel Augen, Rücken und anderen Körperteilen, die auch für das Reiten benötigt werden. So hilft es mir auch nicht, dass ich den Unterschenkel kraftvoll komplett anheben kann, wenn er sowieso immer gebeugt bleibt. Sinn und Zweck des Gradings ist Chancengleichheit im Wettkampf. Mit Ausnahme von sicherheitsrelevanten Ausrüstungsgegenständen braucht alles eine offizielle Zustimmung – im Turnierbereich. Außerhalb von Turnieren ist dagegen alles erlaubt. Da bei mir die Bereiche Oberkörper, Mittelpositur und Unterkörper größtenteils auch für Grad 5 noch zu gut funktionieren, gab mir die Prüferin Hildegard Kramer folgende Tipps:

→ Für ein ruhiges Bein einfach den Steigbügelriemen (*nie* den Bügel selbst) am Sattelgurt befestigen. Besser noch einen Sattel, bei dem der Bügelriemen unter dem Sattelblatt verläuft und dort eventuell fixiert werden kann.

→ Wer gern mal den Bügel verliert, kann einen haushaltsüblichen Einweckgummi über den Spann unter der Trittfläche nach hinten um die Ferse anlegen.

→ Damit der Fuß nicht zu weit in den Bügel reinrutscht, kann man beim Schuster die Absätze entsprechend anpassen lassen.

HEILPÄDAGOGISCHES REITEN

Nicht jede Behinderung wirkt sich dabei nachteilig auf die Ausübung des Reitens aus. Dasselbe gilt für chronische Erkrankungen. Im engeren Sinne und im allgemeinen Sprachgebrauch wird die Hippotherapie als Physio auf dem Pferd als therapeutisches oder heilpädagogisches Reiten verstanden. Hier sind die Menschen selbst nicht in der Lage, das Pferd zu dirigieren, und nutzen es zu Muskelaufbau, Sensitivitäts- und Balanceförderung. Es werden zumeist Ponys eingesetzt, damit der Therapeut den Patienten gut erreichen kann, während eine andere Person das Tier führt. Im Gegensatz dazu wird Reiten von Behinderten im Rahmen ihrer Möglichkeiten als Sport ausgeübt bis hin zur Teilnahme im Dressurreiten bei den Paralympics. Dafür ist das an die FN angegliederte Kuratorium für therapeutisches Reiten zuständig. Dies zeigt sich besonders bei Turnieren, wo gesunde und „behinderte" Reiter gleichermaßen teilnehmen. Von Inklusion sind wir allerdings noch ein gutes Stück entfernt, wenn man beispielsweise im Rollstuhl von der Box bis zum Viereck knapp einen Kilometer unterwegs ist. Das Zauberwort ist hier Kooperation.

Die Basis ist nicht die körperliche Fähigkeit zum Reiten, sondern die richtige Geisteshaltung, insbesondere das Vertrauen in das jeweilige Pferd. Mit Gewalt kommt hier keiner zum gewünschten Ziel, zumal der Körper gar nicht über die oft eingesetzte Kraft und Kontrolle verfügt. Zur Selbstüberprüfung im Konzert der Hilfen sollte jeder Reiter dennoch die Zügel hin und wieder einhändig führen – und das gern auch mal mit der schwächeren Hand. Es ist allerdings etwas ganz anderes, wenn im Notfall doch noch eine zweite funktionstüchtige Hand zum Festhalten und Einwirken zur Verfügung steht.

AUSBILDUNGSSTÄTTE DER ANDEREN ART

Auf meiner Suche nach einer geeigneten Reitausbildungsstätte wurde ich doch noch fündig. Vor allem stellte sich dabei immer die Frage: Was genau können unversehrte von beeinträchtigten Reitern lernen? Antworten darauf habe ich beim Pferdesport und Reittherapie Zentrum der Gold-Kraemer-Stiftung gefunden. Im Angebot sind sowohl pferdegestützte Therapie als auch Reiten als Behindertensport. Und es gibt dort einige Anregungen und Details, die beachtet werden sollten:

- → Selbst wenn der tägliche Aufenthalt im Stall auch bei Gesunden oft viel länger dauert als geplant, bedarf es mit körperlichen Einschränkungen noch mehr Zeit, um die einzelnen Schritte in Ruhe gemeinsam korrekt zu absolvieren.
- → Eng verbunden damit ist ausreichend Raum für Pferd und Mensch. So sind beispielsweise die Paddockboxen sehr groß und die Türen so breit und leicht zu schieben, dass auch mit Rollstuhl in der Box und Stallgasse noch Bewegungsfreiheit besteht. Gleiches gilt für den Putzplatz mit Rundumzugang zum Pferd.
- → Verschiedene Aufstiegsmöglichkeiten, die auch das Pferd so wenig wie möglich belasten. Hier dürfen auch Gesunde beide Körperseiten nutzen.
- → Herdenhaltung ist die Voraussetzung für ausgeglichene Tiere, die soziale Strukturen kennen und sich rangniedrig wohlfühlen. Stressfreie Übernachtungen in einer entsprechend großen Box sind damit durchaus kombinierbar. Statt nur zeitweiser Gruppenbildung darf es für weiteren körperlichen Ausgleich gern ein Offenstall oder Paddocktrail sein.
- → Sicherheit und Sauberkeit – gerade in Ställen für Behinderte sorgt Ordnung für eine optimale Orientierung und leichte Zugänglichkeit. Überflutete Paddocks, die den Zugang komplett verhindern, sind kontraproduktiv. Gleiches gilt für potenzielle Verletzungsgefahren.
- → Kleine Kniffe wie beispielsweise das Aufstellen des Hufs beim Auskratzen. Der Huf muss nicht aufgenommen und gehalten werden. Dies ist auch eine Möglichkeit, um schlecht balancierten Pferden die Hufe stressfrei auszukratzen.
- → Die Pferde – zumeist Ponys – werden regelmäßig Korrektur geritten. Dies dient der Vermeidung von einseitigen und falschen Belastungen und gymnastiziert gezielt die für die Tragearbeit benötigte Muskulatur. Dies ist insbesondere dann nötig, wenn die Behinderten

Eine Schrittrunde im Rosengarten oder ein Ausritt auf einer Galoppbahn mit Hügel sind Highlights für Menschen mit Beeinträchtigungen. *Foto: Kirsten Fleiser*

nur passiv und oft ohne Körperspannung auf dem Pferderücken sitzen. Da Privatpferde auch oft nur von einer einzigen Person geritten werden, kann es zu einseitigen Belastungen und gegenseitiger Verstärkung der schwachen Körperseite kommen.

→ Material – viele spezielle Hilfsmittel wurden extra für die jeweilige Einschränkung erdacht und gefertigt. Dabei ist alles auch für jedermann erlaubt, solange es nicht im Turnier genutzt wird und nicht den Versicherungsschutz gefährdet wie beispielsweise das Festbinden im Sattel. Typische Gegenstände sind Bügel mit Körbchen, Griffe am Sattel, Zügel mit Griffen für Einarmige. All dies kann auch gesunden Reitern Sicherheit bieten und das eigene Körperbewusstsein schulen.

BLINDHEIT – EINE BESONDERE FORM DER BEEINTRÄCHTIGUNG

Reiten, genauer gesagt pferdegestützter Sportunterricht ist in der Deutschen Blindenstudienanstalt e. V. (blista) in Marburg bereits seit 1986 Pflichtfach in der 5. und 6. Klasse. Auch darüber hinaus gibt es dort weitere Angebote zur Stärkung von Stabilität und Körperbewusstsein mit Pferd, beispielsweise in Form der inklusiven Arbeitsgemeinschaft (AG) mit normalsichtigen bis hin zu vollständig erblindeten Teilnehmer:innen.

Kleine, mit Sand gefüllte Säckchen sind sehr hilfreich, da sie die Muskelspannung fördern und den Rezeptoren in den Händen das Gefühl geben, dass man sich festhält. *Foto: Kirsten Fleiser*

Vor meinem Besuch bin ich irrtümlicherweise davon ausgegangen, dass die anderen Sinnesorgane des Körpers eines blinden Menschen „normal" funktionieren, was aber nur zum Teil stimmt. Orientierung nebst Gleichgewicht beruhen normalerweise auf mehreren Komponenten: dem Sehen, dem Dreh- und Lagesinn im Ohr, der Stellung der Gelenke, dem Richtungshören, dem Ertasten. Die erste große Herausforderung war, dass das Reiten und auch schon der vorbereitende Umgang mit dem Pferd nicht abgeschaut werden kann. Was im Rückschluss bedeutet, dass Blinde sich natürlich auch keine falschen Dinge abschauen können, wie beispielsweise ein zu hohes Aufstehen beim Leichttraben. Das Tier wird ertastet, wobei Blinde nicht besser oder schlechter hören oder tasten als der Rest der Bevölkerung – sie sind nur stärker darauf fokussiert und geschult. Deshalb spüren sie oft besser die feinen Unterschiede in Muskeln, Fellstruktur, Tonus und Haut. Deshalb gilt: selbst einfach mal Augen zu und hinfühlen. Auch müssen die Teilschritte separat erlernt werden – für das Anlegen eines Stallhalfters sind es circa 20. Zunächst erfolgt das aus Gründen der Pferdefreundlichkeit an einem Kopfmodell. Wichtig ist, die Ausrüstung immer am selben Platz zu verstauen, damit sie leicht wiedergefunden wird.

Zu Beginn des Unterrichts wurde je ein Pony von zwei Personen geführt und sollte nur mit Körpersprache angehalten werden. Im Anschluss wurde an der Longe viel geturnt und das Leichttraben beispielsweise schon im Schritt geübt. Besonders auffällig war ein Mädchen ohne jegliches Restsehvermögen. Sie wackelte im Stand permanent mit dem Oberkörper vor und zurück. Kaum saß sie auf dem Pferd, war dieses unbewusste Verhalten schlagartig weg.

Im Anschluss an die Reiteinheiten der Schülerinnen hat mich die Sportlehrerin Johanna Hüttich auf dem Pferd durch die Halle geführt, dafür waren meine Augen geschlossen. Auf das Verbinden wurde aus Sicherheitsgründen verzichtet, damit ich mich im Falle eines Falles sofort wieder hätte orientieren können. Um zu wissen, wann ungefähr das Abwenden vor der Ecke erfolgt, habe ich angefangen, die Schritte zu zählen. Ein Tipp war, mit der Gerte Kontakt zur Wand zu halten – fällt er weg, ist das Ende der Geraden erreicht. Wenn es dann überraschend schon vorher rechts oder links in die Kurve ging, hatte ich Mühe, entgegen der Fliehkraft zentriert zu bleiben. Es war deutlich herausfordernder, als hätte ich die Bewegung selbst eingeleitet beziehungsweise vorweggenommen. Eine weitere Hürde waren Anreiten und Anhalten ohne jegliche Vorwarnung – entweder war ich hinter der Bewegung oder ich bin nach vorn gekippt. Dies sind wertvolle Übungen für Stabilität und Körperkontrolle. Sehr motivierend war das gelebte Mentoring zur Erklärung des Reitgefühls – etwas, das jeder Reitanfänger brauchen kann. Statt nur die reine Reittechnik zu vermitteln, schildern erfahrene Reiter, wie sich Reaktionen und Bewegungen anfühlen, schon wenn sie sich erst noch entwickeln.

INTEGRATIVER REITWEG

Ein Paradebeispiel für die Vorbildfunktion im Behindertenreiten ist der integrative Reitweg im Münsterland. Von *Wegbereiter e.V.* konzipiert für die speziellen Bedürfnisse sowie Kompensierung von körperlichen Defiziten zieht er auch gesunde Reiter an, die die Vorzüge zu schätzen wissen. Der gut 22 Kilometer lange Rundweg bietet Parkplätze für Hänger, Aufstiegsrampen für Rollstühle und Hütten zur Rast. Er führt durch unterschiedliche Vegetation wie Wald, Wiese und Wasser. Ein See mit einem flach abfallenden Ufer, wo Pferde ganz offiziell hineinreiten dürfen. Der Weg selbst ist breit genug zum Mitführen eines Handpferdes.

FAKTOR AUSRÜSTUNG

Für das eigentliche Training sollte möglichst Material zum Einsatz kommen, das den Pferdekörper schont – aufgrund der oft unkontrollierten Bewegungen der Reiter und der physiotherapeutischen Körperübungen vorzugsweise druckentlastende Sattelunterlagen. Statt eines Voltigiergurtes in Verbindung mit einem Westernpad empfiehlt sich ein echtes Reitpad. Ganz abgesehen davon, dass es am Oberschenkel mehr als unangenehm ist, wenn man gegen den Gurt kommt, ist das Westernpad konzipiert, um den flächigen Auflagedruck eines Sattelbaums zu mildern statt des punktuellen Drucks der Sitzbeinhöcker des Reiters. Daher fördert es auch nicht gezielt einen komfortableren aufrechten Sitz oder ermöglicht besseres Fühlen. Im Rahmen von Sitzschulungen an der Longe sollte diese keinesfalls in den Trensenring eingeschnallt werden. Das Gebiss bleibt der Verbindung mit einer feinen Reiterhand vorbehalten. Zur Vermeidung von Schmerzen bei gleichzeitiger guter Einwirkung ist daher ein Kappzaum das Mittel der Wahl und die Longe sollte für eine konstante weiche Verbindung in Zweihandtechnik geführt werden.

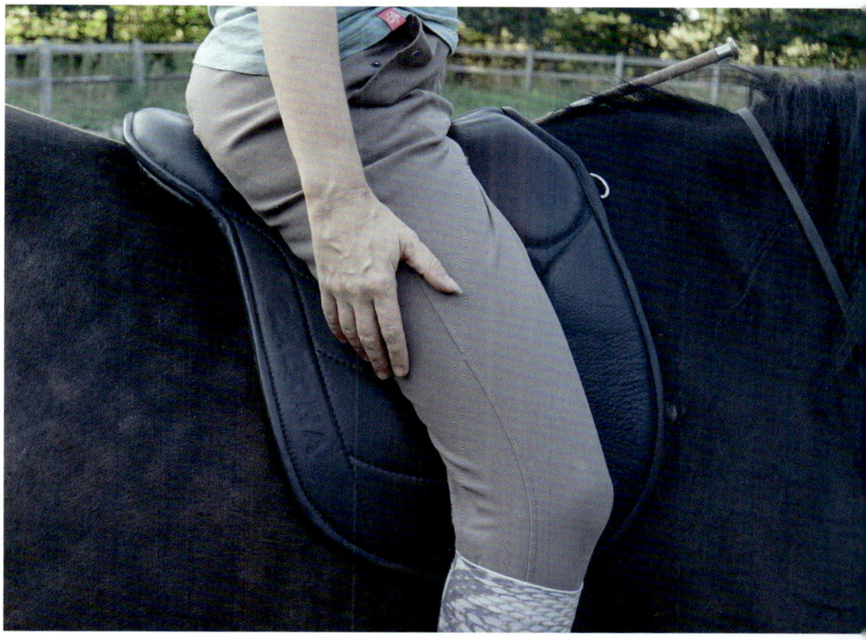

Ein Reitpad schont den Pferderücken und der Reiter fühlt stärker die Verbindung mit dem Pferd. Das ist gerade bei körperlichen Beeinträchtigungen des Reiters von Vorteil. *Foto: Kirsten Fleiser*

EMPFEHLENSWERT – DER REITSIMULATOR

Für jeden – gleich ob mit oder ohne Behinderung –, der etwas über den Umgang mit Pferden oder das Reiten lernen möchte, sollte dies an einem Modell beginnen. Keine Herangehensweise ist pferdeschonender und wetterunabhängiger als das Lernen auf einem Simulator, bevor man auf ein fühlendes Lebewesen steigt. Selbst wenn das Bewegungsmuster nicht so geschmeidig wie das eines echten Tieres ist.

Vielen Dank an Kirsten Fleiser, dass sie die Reitinstitute besucht hat und unermüdlich zum Wohle von Pferd und Mensch unterwegs ist.

WEITERFÜHRENDE LINKS

Deutsches Kuratorium für Therapeutisches Reiten e.V. – www.dkthr.de

Deutsche Blindenstudienanstalt e.V. – www.blista.de/reithalle

Gold-Kraemer-Stiftung – www.gold-kraemer-stiftung.de/pferdesport-und-reittherapiezentrum

Wegbereiter e.V. (Integrativer Reitweg) – www.wegbereiter.org

Buchempfehlung

Die fantastische Reise zur Seele der Pferde

Gertrud Pysall lädt Pferdeinteressierte auf eine Reise zur Seele der Pferde und in eine Welt ein, die diejenigen „nicht mehr verlassen wollen, die sie einmal kennengelernt haben". In ihrem neuesten Buch geht sie auf die Probleme in der Grundeinstellung der Pferd-Mensch-Beziehung ein. Es geht um das Auseinanderklaffen zwischen dem, was Pferde wollen und was Menschen erwarten. Schritt für Schritt blättert Gertrud Pysall auf, wo die Fallen lauern und welche Ursachen dahinterstehen könnten.

Dabei stellt sie die Sicht der Pferde in der Sicht der Menschen gegenüber: zum Beispiel das Pferd als Partnerersatz, das Pferd als Kindersatz und das Pferd als Muttersymbol. Fragen und Feststellungen wie Machtumkehr Pferd – Mensch, warum die Psyche im Umgang mit Pferden eine so wichtige Rolle spielt, warum Körpersprache nicht gleich Pferdesprache ist, sind der Hauptteil des Buches.

Ein großes Kapitel ist der Liedloff-Theorie gewidmet. Jean Liedloff hat sich mit der frühkindlichen Mutter-Kind-Beziehung auseinandergesetzt. In diesem Kapitel liest man über Konzentrationsfähigkeit, Kommunikationsfähigkeit, Hilflosigkeit und Beziehungsfähigkeit. Alles Themen, die auch in der Pferd-Mensch-Beziehung vorkommen. Weiterhin wird ausgeführt, wohin Dissonanzen in der Entwicklung des Kindes führen können, wenn sie nicht „naturorientiert" aufwachsen können – ein Beispiel: Das Neugeborene sucht Minuten nach der Geburt die Brust der Mutter. Gibt man dem nicht nach, kommt es zur Unzufriedenheit des Kindes, die sich bis ins Erwachsenenalter hinzieht und weitreichende Folgen hat. Eine ganze Generation, die mit der Flasche aufgezogen wurde, könnte hier Ursachen für verschiedene Verhaltensweisen finden. Das von Gertrud Pysall ausgearbeitete Motiva-Training ist mit einer Praxisanleitung der pferdische Teil. In jedem Teil des Buches werden Lösungen zu Alltagssituationen angeboten und Fragen beantwortet.

Fazit: Gertrud Pysall spricht aus mehr als 25 Jahren Pferdeerfahrung und sie ist eine Pferdefrau durch und durch. Der Titel klingt spirituell, aber im Inhalt bekommt man Einsichten, die handfest und praktisch anwendbar sind. In erster Linie ist das Buch für Menschen, die mit ihrem Pferd eine offene und klare Sprache führen und sie verstehen wollen – und zwar auf „Pferdisch". Absolut empfehlenswert!

Die fantastische Reise zur Seele des Pferdes
von Gertrud Pysall
308 Seiten, s/w Abbildungen
Bestellnr. 911950522
€ 29,80 (D)

Im Crystal Verlag erhältlich!
www.crystal-verlag.com

Harrys Welt

Autsch, jetzt kommt die Kolikzeit!

Früher, als ich noch viel jünger war, hatte ich oft Koliken. Jetzt als Senior bekomme ich mein Spezialfutter und habe damit keine Last mehr. Wenn ich Koliken bekommen habe, dann immer im späten Winter oder Vorfrühling. Das hat seine Gründe. Viele kleine Koliken hat mein Mensch gar nicht bemerkt. Wenn er mich doch nur genauer angeschaut hätte. Einmal war es aber ganz besonders schlimm. Ich konnte die Schmerzen kaum noch aushalten und kein Mensch war im Stall. Da habe ich meine ganze Energie zusammengenommen und intensiv meinen Menschen „gerufen". Meine Energie war angekommen und er bekam ein komisches Gefühl im Bauch. Mit einem kurzen Satz „Ich fahre noch einmal in den Stall, nach Harry schauen" verabschiedete er sich schnell zu Hause, und ich wurde deutlich ruhiger, als er neben mir stand. Ich wusste genau, er würde sich um mich kümmern.

Der Tierarzt war dann auch da und gab mir Beruhigungs- und Stärkungsmittel. Ich war völlig verschwitzt und fast ohnmächtig vor Schmerzen. Mein Mensch packte mich schön warm in zwei Pferdedecken ein und wir fuhren in die Tierklinik. Ich gehe sonst nicht freiwillig auf einen Hänger, aber mir blieb keine Wahl und es war mir auch egal. Wichtig war nur, dass mein Mensch bei mir war.

In der Klinik wurde ich dann behandelt. Es war eine Gaskolik. Mein Mensch war mit den Nerven fertig und lief nervös hin und her, sodass der Tierarzt besorgt auch ein Auge auf ihn hatte. Nach der Behandlung ging es mir deutlich besser, aber ich musste noch drei Tage dort bleiben und hatte wenig zu essen. „Glück gehabt, Alter", sagte der Tierarzt, als ich wieder in meinen Stall durfte. „Lass dich hier nicht wieder sehen." Das habe ich mir fest vorgenommen. Die Koliken, die ich davor und danach hatte, waren nicht so schlimm, aber sie kamen mit schöner Regelmäßigkeit. Und woher kam das?

Am häufigsten hatte ich Koliken in feuchten Wintern. Wenn es richtig kalt und trocken war, passierte das seltener. Das hing mit unserem Heu zusammen. Wir hatten in der Regel gutes Heu und es schmeckte lecker. Nachdem aber die feuchte Luft in milden Wintern durch den Stall zog, blieb die natürlich auch in den Heuballen hängen und es entwickelte sich Schimmel. Den konnte man nicht immer sehen, der Stallbursche wollte das auch nicht immer sehen. Er hätte den Ballen vernichten können, hat er aber nicht.

Pferde wie ich hatten dann Koliken, andere bekamen Husten, der mit der Feuchtigkeit und kalten Jahreszeit abgetan wurde. Mein Mensch war recht machtlos, er wusste es anfangs auch nicht besser. Das Heu schmeckte gut und ich habe mich damit immer satt gefressen.

Er wurde erst stutzig, als er einen verschimmelten Ballen Heu im Lager sah. Er hat dann immer von einem anderen Bauern Heu gekauft und das Heu, bevor es in die Box gestreut wurde, genau angeschaut. Trotzdem: Ganz verhindern, dass ich schimmeliges Heu bekam, konnte niemand.

Es gibt Kollegen im Stall, denen hat das gar nichts ausgemacht. Die hatten ihre Koliken beim Anweiden im Mai. Kaum hatten sie das frische Gras genossen, wurden sie krank. Das hat mir wiederum nichts ausgemacht. Warum das so war, habe ich nie herausgefunden. Ist mir jetzt auch egal – ich habe mein teures Spezialfutter. Mein Mensch stöhnt zwar immer, aber das muss ich ihm wert sein. In diesem Sinne ...

Euer Harry

Wer Fragen, Anliegen oder Wünsche hat, kann mir unter harry@naturalhorse.de eine Mail schreiben.

Kolumne

Sie möchten ein **Abo** ohne weitere Verpflichtungen? Dann abonnieren Sie Natural Horse jetzt!

- Lieferung frei Haus
- Jederzeit mit einer Frist von 1 Monat kündbar
- Nur 57 Euro im Jahr (für 6 Ausgaben) in Deutschland, 69 Euro in Europa
- Sie verpassen keine Ausgabe
- Sie erhalten Ihr Heft früher als im Handel erhältlich

Sie möchten Natural Horse als epaper lesen?
www.naturalhorse.de
Digital Abo

Sie möchten Natural Horse verschenken?
www.naturalhorse.de
Geschenk Abo

Ich möchte Natural Horse im Abo

Bitte einsenden an Natural Horse Leserservice | PressUp GmbH | Postfach 70 13 11 | D-22013 Hamburg | abo@naturalhorse.de

☐ Ich möchte Natural Horse im Abo zum jährlichen Preis (6 Ausgaben) von 57 Euro innerhalb Deutschlands. Europa 69 Euro.

☐ Ab aktueller Ausgabe
☐ Ab nächster Ausgabe
☐ Ich möchte auch gerne den Newsletter erhalten (4 Ausgaben pro Jahr). Ich bin damit einverstanden, dass die Crystal Verlag GmbH mich per Telefon oder E-Mail über interessante Angebote informiert. Ich ermächtige die Crystal Verlag GmbH, wiederkehrende Zahlungen aus diesem Abonnement von meinem Konto mittels Lastschrift einzuziehen.

Name/Vorname

Straße | Nr.

PLZ | Ort

Tel./Mail

IBAN

BIC/Bank

SEPA-Lastschriftmandat
Ich ermächtige die Crystal Verlag GmbH, Gläubiger-Identifikationsnummer DE52ZZZ00001410577, Zahlungen von meinem Konto mittels Lastschrift einzuziehen. Zugleich weise ich mein Kreditinstitut an, die von der Crystal Verlag GmbH auf mein Konto gezogenen Lastschriften einzulösen. Ich kann innerhalb von 8 Wochen, beginnend mit dem Belastungsdatum, die Erstattung des belasteten Betrages verlangen. Es gelten dabei die mit meinem Kreditinstitut vereinbarten Bedingungen. Die Mandatsreferenz wird separat mitgeteilt.

Widerrufsrecht
Die Bestellung kann innerhalb von 2 Wochen ohne Begründung widerrufen werden. Es genügt eine Mitteilung an den Natural Horse Leserservice und an die Crystal Verlag GmbH. Zur Fristwahrung gilt die rechtzeitige Absendung.

Datum/Unterschrift

Impressum

Natural Horse
Über den achtsamen Umgang mit Pferden
Friedrichsruher Weg 33
D-21465 Wentorf bei Hamburg
info@naturalhorse.de

erscheint in der Crystal Verlag GmbH
Friedrichsruher Weg 33
D-21465 Wentorf
Tel.: +49 (0)40 710 015 68
info@crystal-verlag.com

Herausgeber
Hans J. Schmidtke

Chefredaktion
Martina Kiss

Autoren dieser Ausgabe
Bettina Bunne, Kirsten Fleiser, Dr. Christina Fritz, Andrea Kargerer, Martina Kiss, Alexandra Lohr, Harry Piaffe, Silja Schießwohl, Roswitha Zink

Layout und Grafik
Eva Lakas Dipl. Des. (FH) | Berlin

Covermodel
Baila, Haflinger

Coverfoto
Christiane Slawik, www.slawik.com

Pressevertrieb
PressUp GmbH, 22013 Hamburg

Abonnements
Natural Horse Leserservice
PressUp GmbH
Postfach 70 13 11
22013 Hamburg
Tel.: +49 (0)40 38 6666-317
Fax: +49 (0)40 38 6666-299
abo@naturalhorse.de

Einzelhefte
Crystal Verlag GmbH
Friedrichsruher Weg 33
D-21465 Wentorf
info@naturalhorse.de

Medienberatung
Kirsten Fleiser
Crystal Verlag GmbH
Friedrichsruher Weg 33
D-21465 Wentorf
media@crystal-verlag.com

Druck
Grafisches Centrum Cuno, Calbe

Natural Horse
natural_horse_pferdemagazin
Natural Horse

www.naturalhorse.de